니체 사용설명서

니 체 사 용 설 명 서

발행일 초판1쇄 2022년 1월 13일(辛丑年 辛丑月 丙寅日) | **지은이** 안상헌 |
펴낸곳 북드라망 | **펴낸이** 김현경 | **주소** 서울시 종로구 사직로8길 24 1221호(내수동, 경희궁의아침 2단지) |
전화 02-739-9918 | **팩스** 070-4850-8883 | **이메일** bookdramang@gmail.com

ISBN 979-11-92128-08-5 03160

책으로 여는 지혜의 인드라망, 북드라망 www.bookdramang.com

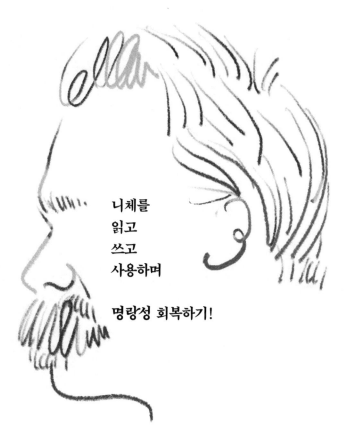

Friedrich Wilhelm Nietzsche

니체를
읽고
쓰고
사용하며

명랑성 회복하기!

니체 사용설명서

안상헌 지음

티
BookDramang
북드라망

자유롭게 공부하고 살아갈 수 있도록 키워 주신 부모님!
특히 이 책이 잉태된 2021년 4월 돌아가신 엄마에게
이 책을 드립니다.

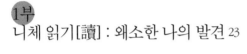

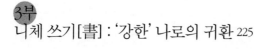

일러두기

1 이 책에 나오는 인용문의 출처는 해당 인용출처가 처음 나오는 곳에 자세한 서지사항을 밝혔으
며 이후에는 저자명, (문헌명), 서명, 쪽수만을 간단히 밝혀 주었습니다.(예시: 니체, 「교육자로서의
쇼펜하우어」 『반시대적 고찰』 273쪽) 인용출처의 자세한 서지사항은 권말의 '참고한 책들'에 한 번
더 표기했습니다.

2 단행본·정기간행물의 제목에는 겹낫표(『』)를, 논문·단편·시·노래 등의 제목에는 낫표(「」)를
사용했습니다. 단 '주역'의 경우에는 주역이라는 학문의 방대함을 고려하여 단행본으로 표시하
지 않고, '주역'이라고 표기했습니다.

3 인명·지명 등 외국어 고유명사는 2002년에 국립국어원에서 펴낸 외래어표기법을 따라 표기했
습니다.

니체를 읽고 쓴다는 것

2020년, 나의 니체 공부는 '니체가 읽힌다'에서 '니체를 쓰다'로 옮겨 갔다. 2016년 가을, 니체를 읽기 시작한 지 3년 반이 지난 시간! '니체를 읽고 쓴다!'라는 큰 산속에 있는 나의 현재 상황을 정리해 보자. 내게 니체를 읽고 쓴다는 것, 그리고 '니체 읽기'에서 '니체 쓰기'로 간다는 것은 어떤 의미인가. 그동안 어떤 공부를 했고, 앞으로 어디로 어떻게 가겠다는 것인가.

1. 니체 읽기

'니체가 읽힌다!'라는 말을 하면서 지난 3년 동안 니체를 읽고 또 읽었다. 혼자 읽은 것도 아니다. 대부분의 책을 감이당&남산강 학원, 그리고 대구의 니체 공부 모임에서 여러 사람들과 함께 읽었다. 대구의 경우, 세미나의 제목도 '니체가 읽힌다!'였다. 이 세미나에는 3년이라는 긴 기간 동안 15~20명 정도의 인원이 참여했다. 세미나 후반부에는 코로나19의 영향으로 세미나가 중단되고 다시 시작하기를 반복했고, 결국 다섯 명만 남았다. 적은 인원이라 섭섭했지만, 또 적은 인원이었기에 이분들과 함께 '니체 쓰기'를 짧게나마 실험해 볼 수 있어 좋았다. 세상에 다 나쁜 것은 없었다. 누구는 요약하는 형식으로, 누구는 자신의 어린 시절을 돌아보는 형식으로, 누구는 평소 써 왔던 시의 형식으로, 누구는 오늘의 삶과 세상에 대한 발언의 형식으로 글쓰기를 시도해 보았다. 나의 경우 당시 감이당 MVQ*에서 연재하고 있었던 '니체 사용설명서'의 글을 함께 읽고 합평할 수 있어 좋았다.

'니체가 읽힌다!'라는 말에는 나의 개인적인 체험이 묻어 있다. 2000년대에 접어들면서 우리나라에서 니체 읽기는 새로운 부흥기를 맞이하였다. 나 또한 이 시기 어느 때쯤 니체를 접하게 되었다. 고병권의 『니체의 위험한 책, 차라투스트라는 이렇게 말했다』(그린비, 2003)라는 책을 통해서 당시 나의 니체 읽기는 시작되었다. 단숨에 읽을 수 있었고, 참 감동적이었다. 니체라는 사상가와 그의 사상을 이렇게 재미있고 쉽게 리라이팅해 준 고병권이라는 사람을 존경하기까지 했다. 이 책이 얼마나 감동적이었으면 당시 그린비에서 나온 리라이팅 시리즈를 읽는 것이 나의 독

---

* Moving Vision Quest의 약자로 '길 위에서 삶의 비전을 탐구하다'라는 뜻이다. 글쓰기를 통해 사람과 사람, 사람과 세상, 나아가 천지만물을 연결하고자 하는 감이당&남산강학원의 학인들이 글을 연재하는 인터넷공간이다. http://mvq.co.kr

서 목록 1번이 되었겠는가! 이때 이 책만큼이나 단숨에 또 감동적으로 읽은 책은 고미숙의『열하일기, 웃음과 역설의 유쾌한 시공간』(그린비, 2003)*과 강신주의『장자, 차이를 횡단하는 즐거운 모험』(그린비, 2007)이었다. 하지만 당시 나의 독서는 이 두 책이 다루는 고전인『열하일기』와『장자』로 향하진 않았다. 이 두 권에 대한 감동을 뒤로하고 나의 시선은 니체로 향했다. '나도 이제 니체를 제대로 한번 읽어 보겠다!'라는 생각을 마음에 품고서!

마침 2000년부터 출판되기 시작한 책세상 출판사의 니체 전집 중『차라투스트라는 이렇게 말했다』를 읽기 시작했다. 그러나 솔직히 무슨 말인지 잘 모르겠고, 심지어 고병권의 '차라투스트라'가 진짜 이 '차라투스트라'가 맞는지 의심이 들 정도였다.『비극의 탄생』,『인간적인 너무나 인간적인』은 읽히는 것이 조금 낫긴 했지만 어렵긴 마찬가지였고, 큰 감동과 재미는 없었다. 당시에는 물론 하는 일이 바쁘고, 내 전공도 아닌 책이라 '잘 읽히지 않는 게 당연하지!'라고 생각하면서 니체의 책은 다시 내 책장에서 잠자게 되었다.

그리고 얼마간의 세월이 흘러 2016년 가을! 나는 '남산강학원'에서 니체의 초·중기 작품(『비극의 탄생』,『반시대적 고찰』,『인간적인 너무나 인간적인』,『서광』)을 읽고 쓰는 프로그램에 참여하게

---

* 『열하일기, 웃음과 역설의 유쾌한 시공간』은 2013년 출판사를 북드라망으로 옮겨 개정판이 발행되었다.

되었고, 여기서 나는 놀라운 경험을 하게 된다. 내 입에서 '니체가 읽힌다!'라는 말이 너무나 자연스럽게 튀어나왔던 것이다. 『비극의 탄생』에서 시작된 니체 읽기는 예전과 너무 다르게 다가왔고, 특히 『반시대적 고찰』은 나를 '니체'라는 한 사상가에게 훅 가게 했다.(자세한 내용은 이 책 1부의 「니체가 읽힌다!」 편을 참고) 이후 나는 현대 서양 철학자들의 전작을 찬찬히 읽는 일명 '스누피들'(스피노자, 니체, 푸코, 들뢰즈를 찬찬히 읽겠다는 계획으로 기획된 세미나 이름) 세미나에 참여하게 되었고, 얼마 후 반장을 맡아 지금까지 이 세미나를 진행하고 있다. 매 시즌 최소 10명에서 많게는 20명 이상 함께 니체를 읽고 토론하며 유쾌한 시간을 보냈다. 뿐만 아니라 대구(내가 태어나 나이 50까지 배우고, 일하고, 살았던 곳)의 '수성아트피아'라는 공간에서 '니체와 인문학' 혹은 '니체가 읽힌다!'라는 이름으로 3년 이상 니체를 읽고, 낭송하고, 때론 산책과 소풍도 다니면서 니체와 함께 웃고 떠들며 놀았다. 이렇게 니체를 사랑하는 많은 분들과 함께 나눈 이야기들이 오늘 이 책을 만든 자양분이 되었음에 진심으로 감사드린다.

이렇게 진행된 나의 니체 읽기는 '낭송으로 읽는 니체'(A4 148쪽 분량)라는 제목으로 편집되어 있기도 하다. 물론 아직은 혼자 활용할 수 있는 정도이지만, 이 자료집은 '니체 사용설명서'라는 제목으로 감이당 MVQ에 한 달에 두 번 연재하는 미션을 수행하는 데 큰 힘이 되었다. 이 자료집에는 『비극의 탄생』, 『반시대적 고찰』, 『인간적인 너무나 인간적인』, 『서광』, 『즐거운 지식』에서 핵심 문장을 가려 뽑은 것들을 모아 놓았다. 각각의 문장들에는 각 문장에 적합한 제목과 함께 이 문장을 읽으면서 떠오른 생각들이 간단한 코멘트 형식으로 달려 있다. 이렇게 가려 뽑은 문장들과 『차라투스트라는 이렇게 말했다』를 다시 읽고 사유하면서 이 책의 2부와 3부에 실린 총 22편의 글을 쓸 수 있었다. 여기에는 니체를 통해 관찰한 나와 세상의 모습들과 함께 니체를 빌려 내가 세상을 향해 하고 싶은 말이 녹아 있다. 전자는 '관찰'이라는 말로 후자는 '발언'이라는 말로 요약할 수도 있겠다. '관찰'과 '발언'으로 요약되는 이 글쓰기의 과정은 나를 대상으로 한 실험이었고, 니체를 읽고 쓰는 활동을 통해 '강한' 나로 귀환하는 과정이었다. 다시 말해 이 과정은 적어도 나에게는 니체가 우리에게 당부한 '위버멘쉬'(Übermensch)의 과정이었다.

2. 니체 쓰기

2020년, 나의 '니체 공부'는 '니체를 쓰다!'라는 활동으로 크게 전환되었다. 이 전환은 강제적이기도 하고 자발적이기도 하다. 2017년부터 나는 남산강학원에서 1년 반 정도 공부한 경험을 뒤로하고, 감이당 '금요대중지성_고전평론가 되기'라는 프로그램에 참여하게 되었다. 참으로 우연히, 또 같은 깨봉빌딩에 있는 3층에서 2층으로 내려와 공부한 것뿐인데 이 이동은 나에게 큰 변화를 가져왔다. 감이당 고전평론가 과정의 담임을 맡아 우리들의 일상적인 태도를 비롯한 모든 학습 과정과 글쓰기를 직접 지도하신 고미숙 선생님과의 만남. 공부만이 아니라 일상을 바꾸는 훈련을 함께한 금요대중지성 친구들과의 만남. '주역'과 '불교'라는 생전 처음 접해 보는 어마어마(?)한 공부와의 만남 등등. 이 모든 것이 나로서는 낯선 경험이었다. 낯설고 힘들었지만 재미있었고, 나는 조금씩 이 속으로 빠져들었다. 나이 50이 되어 새로운 선생님을 만난다는 것. 또 고전을 읽고 쓰는 활동이 나를 수련하는 훈련이 된다는 것. 이 활동을 자기 삶의 중심에 놓으려는 사람들이 있다는 것. 고전을 읽고 쓰는 활동을 통해 공동체를 실험하고 있다는 것. 여기에 중장년뿐만 아니라 노년과 청년도 함께 섞여 읽고 쓰고 먹고 떠드는 일상이 가능하다는 것. 이 모든 것이 놀랍고 신기했다.

낯선 경험이 나를 이 공동체에서 멀어지게 할 수도 있었지만, 다행히 그렇지 않았다. 이 경험들은 나를 점점 이 공동체 속으로 깊이 들어오게 했고, 지금은 내 삶의 중심이 되었다. 2021년, 나는 서울 북한산 아래 혼자 생활할 수 있는 작은 방을 하나 구했고, 물리적인 내 생활의 중심을 대구에서 서울로 옮겨 놓았다. 이 물리적 생활 공간의 이동은 단순한 이동은 아니다. 책을 읽고 세미나하고 강의하는 것은 내가 대구에서 생활한다고 해서 못할 것이 없었다. 내가 시간과 마음만 내면 다 할 수 있었다. 그리고 스스로 만족할 수도 있었다. 하지만 글쓰기라는 감이당의 마지막 미션을 수행하는 과정에서 조건이 된다면 내 일상의 공간을 감이당 가까이 옮기는 것이 좋겠다는 생각이 들었다. 글쓰기가 해치워야 할 숙제가 아니라, 내 삶을 만들어 가는 활동이 되기 위해서는 생활의 공간과 공부의 공간이 너무 먼 것은 별로 좋지 않았다. 당장 주어진 미션이야 완수하겠지만 그것이 일상의 활력과 즐거움이 되기 위해서는 생활과 공부의 물리적 거리를 무시할 수 없었다. 다행히 아이도 스무 살이 넘어 대학에 가서 혼자 생활하게 되었고, 아내도 나의 제안에 어렵지 않게 동의해 주었다.

감이당 프로그램의 종착지는 글쓰기이다. 나의 경우 '고전평론가 과정'을 거쳤으니 글쓰기는 피해 갈 수 없는 미션이다. '글쓰기로 수련하기!' 감이당은 '오직 글쓰기로만 너의 공부가 완성된다!'라는 확실한 비전을 가지고 있다. 나는 기꺼이 이 과정에 참여했다. 지난 4년간 이 과정을 거치면서 수많은 '발제'와 '토론'을 했고, '암송'을 하고 '시험'을 보았으며, 과정의 마지막에는 '에세이 발표'를 빠짐없이 치렀다. 우리는 이 과정에서 글이 길면 긴 대로 짧으면 짧은 대로 서로의 글을 읽고 토론했다. 이 과정에서 많이 웃고 떠들었고, 때론 울기도 했다. 그것은 이 과정을 함께한 친구들과 걸어온 수련의 과정이었다. 이 과정을 거치면서 파이널

에세이로 작성한 글은 「강한 사유, 강한 인간」(『반시대적 고찰』 리라이팅)과 「어느 한 남자의 명랑성 회복기」(『차라투스트라는 이렇게 말했다』 리라이팅) 두 편이다. 특히 『차라투스트라는 이렇게 말했다』를 텍스트로 삼은 「어느 한 남자의 명랑성 회복기」는 이 책의 전체적인 윤곽을 잡게 해 준 글이다. 기본적인 문제의식과 전체 글의 대략적인 내용이 여기에서 구상되었다. 앞의 글도 '글쓰기 훈련'이라는 감이당의 미션을 수행해 오는 과정에서 중요한 전환점이 된 글이기에, 보완하여 이 책에 포함했다. 글의 완성도와는 별개로 이 글은 내가 니체를 만나 예전과는 다른 차원에서 '니체를 읽고 쓰는 활동'을 하게 된 결정적인 계기가 된 글이다. 니체라는 한 사상가의 글을 읽고 쓰는 활동이 그동안 내가 알고 있던 공부의 차원을 넘어 내 삶을 만들어 가는 '수련의 과정'이 되었기에 나로서는 참 감사한 글이다.

이상은 나의 '니체 읽기'와 '니체 쓰기'의 대략적인 과정이다. 이 과정에서 '니체가 읽힌다!'라는 놀라운 경험을 했고, 이 경험은 이전에 한 번도 생각해 보지 않았던 '니체를 쓰는' 단계로까지 나를 끌어올렸다. 지금까지 공부란 것을 통해서 한 번도 경험해 보지 못했던 새로운 경험이었다. 나는 니체를 읽고 쓰면서 내 안의 '역겨움'이 극복되는 중요한 경험을 했다. 니체 읽기에 집중했던 초반기에는 니체를 읽으면 읽을수록 왜소한 나를 발견하게 되었다. 그리고 이 왜소한 나를 이겨 내기 위해서는 '강한 사유' 훈런이 중요함을 알게 되었고, 니체와 같은 강한 사유를 훈련할 수 있는 철학자들에게 큰 매력을 느끼게 되었다. 니체 읽기가 참으로 어려웠지만 나의 이 왜소함을 이겨 낼 수만 있다면 그 어려움은 아무것도 아니었다. 특히 니체는 자신의 글이 그냥 어려운 것이 아니라는 것을 이렇게 말하고 있다.

> "사상가는 서툰 문장을 쓴다. 자기들의 사상뿐만 아니라 그 사상을 생각하는 것까지 우리에게 전하기 때문이다."{니체, 「문학가로서의 사상가」 『인간적인 너무나 인간적인』 강두식 옮김, 동서문화사, 2019, 137쪽}

참 멋있었다. 잘 읽히지 않는 니체의 글이 더 매력적으로 다가왔고, 그 어려움을 겪어 나가는 만큼 내 사유도 커지고 강해질 수 있기에 그 어려움은 견딜 만했다. 니체를 읽고 쓴다는 것은 단순히 니체를 이해하고 그것을 쉬운 말로 풀어 쓰는 것이 아니다. 니체를 읽고 쓴다는 것은 그만큼 나의 사유를 끌어올리고 확장한다는 것이다.

특히 나에게는 그동안 대학에서 공부하고 그와 관련된 일을 하면서 그 일이 뜻대로 잘되지 않았던 과정에서 생긴 세상에 대한 '역겨움'이 있었다. 나는 대학과 대학원에서 교육학을 전공하며 '새로운 교육제도'를 만들고 운영하는 것과 관련된 연구와 일을 했다. 하지만 내가 지금까지 애를 썼던 대부분의 일에서 '새로운 제도'에 대한 나의 기대와 내가 감당해야 하는 현실은 언제나 어긋났다. 지금 생각해 보니 그동안 내가 나름 헌신했던 일은 기존의 질서와 가치를 깨고 새로운 규칙을 만들고자 했던 일이다. 실패할 때마다 나는 '새로운 규칙을 안착시키기에는 내가 아직 역부족이구나' 하며 반성했다. 하지만 지금 생각해 보면, 내 마음의 더 깊은 곳에서는 새로운 질서와 가치를 거부하는 기성 조직에 대한 '역겨움'이 더 컸다.(안상헌, 「니체의 역겨움, '차라'의 가르침」 고미숙과 48인의 대중지성, 『나는 왜 이 고전을』 북드라망, 2019, 183쪽)

그런데 나를 짓누르고 있었던 이 정체 모를 역겨움이 니체를 읽고 쓰는 과정에서 어느 순간 사라지기 시작했다. 나로서는 놀라운 경험이었다. 니체는 자칫 냉소적으로 될 수 있었던 나에게 명랑성을 회복할 힘을 주었다. 나에게 글쓰기로 수련한다는 것은 바로 이것이다. 나의 글쓰기는 역겨움에 지친 내가 니체를 읽고 쓰면서 명랑한 나로 바뀌는 과정이었다. 독자들께서는 이 책 전체를 역겨움에 지친 중년의 어느 한 남자가 명랑성을 회복해 가는 과정이라 이해해 주시길 바란다. 나를 이 과정으로 몰아넣은 많은 인연들, 그리고 이 과정에서 함께 울고 웃었던 친구들의 힘이 역겨움에 지친 나를 지금의 나로 이끌어 주었다. 글 하나하나에 다 표현되어 있지는 않겠지만 그래도 많은 부분에 나의 모습만이 아니라 이분들의 모습도 함께 포함하려 했다. 니체를 읽고 쓰는 활동은 나의 역겨움이 오직 나로 인해 온 것이 아니듯, 나의

명랑함 또한 혼자 힘으로 만들어질 수 없음을 깊이 체험하게 한
과정이었다.

1부

니체 읽기[讀] : 왜소한 나의 발견

1장 니체가 읽힌다!

1. 니체를 만나다

예전에도 공부란 걸 했었다. 교육학을 공부하여 박사까지 하고, 그 힘으로 20년 이상을 잘 살았다. 공부가 나에게는 일이었고, 또 그것으로 먹고살 돈도 벌었다. 하지만 나는 나이 50이 되어 과거와는 완전히 다른 새로운 공부를 시작했다. 2015년 남산강학원 글쓰기 프로그램 1학년 2학기 '루쉰'을 시작으로 그후 '루쉰 전집' 읽기 세미나, 공자의 『논어』와 왕양명의 『전습록』, 니체의 『비극의 탄생』·『반시대적 고찰』·『인간적인 너무나 인간적인』·『서광』, 『주체의 해석학』을 비롯한 푸코 전작 읽기 세미나 등등. 나이 50에 시작한 새로운 공부는 내게 매우 신선하게 다가왔다. 그리고 2017년 이후 감이당 금요대중지성에서 4년간 공부했다. 하나 덧붙인다면 강학원에서 공부하기 전에 시작한 마르크스 전작 읽기도 새로운 공부에 속한다. 읽기 쉬운 책이 한 권도 없었다. 그런데 한 번도 포기한 적 없이 지금까지 왔다. 오히려 한 권, 한 권 읽어 오면서 조금씩 더 힘을 받는 듯하다. 솔직히 예전에 했던 공부보다 훨씬 재미있었다. 이들은 나에게 어떤 의미가 있었기에 이런 재미와 힘을 줄 수 있을까?

니체는 청년 시절 쇼펜하우어를 읽으면서 강력한 인상을 받았고, 이때부터 한동안 쇼펜하우어를 자신의 교육자로 기리고 기억한다. 나도 이런 생각을 해 본다. 나에게 남산강학원과 감이당에서의 공부가 미치는 영향과 니체에게 쇼펜하우어가 미친 영향 사이에 공통점이 있을 수 있다고. 결론부터 말하면 그것은 다름 아닌 '자유'다. 왜냐하면 자유는 "진보", "일반적 교양", "국민적", "근대국가", "문화투쟁" 등과 같은 개념 속에 포함된 허튼소리들을 구분함으로써 시작되기 때문이다.

나 역시 앞서 언급한 텍스트들을 몇 년간 공부하면서 '진보, 교양, 국민, 국가, 문화' 같은 개념을 다시 보게 되었고, 이것이 내게 일어난 가장 큰 변화다. 이 개념들은 지금까지 내가 애써 뭔가 해보려던 것과 깊은 관련이 있는 것들이다. 나야말로 정말로 진보적이고, 교양을 넘어 지성을 추구했고, 내가 훌륭한 대한민국 국민이 되는 것을 넘어 모두가 좋은 교육을 받는 멋진 국가와 문화를 창조하고자 했다. 그런데 이 개념들이 허튼소리들의 덩어리라니! 처음에는 깜짝 놀랐다. 그런데 조금씩 부끄러워지기 시작했다. 갈수록 그 부끄러움은 더해 갔다. 지금 그 부끄러움의 정도가 어느 수준인지는 정확히 모르겠다. 그런데 이 부끄러움과 함께 나에게 또 다른 놀라운 경험이 생겼다. '니체가 읽힌다!'라는 새로운 경험이다. 나에게 '니체가 읽힌다!'라는 것은 어떤 의미인가? 나에게 자유가 찾아온 것일까?

그런데 니체는 또 말한다. 자유는 무거운 부채(負債)이며, 단지 위대한 행위로 이 채무를 갚을 수밖에 없다고. 이건 또 무슨 소리인가?

저 자유는 사실 무거운 책무다. 그리고 그것은 오직 위대한 행동에 의해서만 구속을 받는다. 참으로, 평범한 지상의 아들이라면 누구나, 그러한 자유로운 행동을 혜택 받은 인물을 원한의 눈으로 바라보는 것은 당연한 일이다. 단지 평범한 인간 자신이 그렇게 혜택 받는 일이 없도록, 즉 그렇게 두려운 의무를 지게 되는 일이 없도록 신의 보살핌이 있을지어다. 그들은 정말 눈 깜짝할 사이에 그들의 자유와 고독 때문에 몰락하고, 지루함으로 인하여 멍텅구리, 악의에 찬 멍텅구리로 되어 버릴 것이기 때문이다.(니체,『교육자로서의 쇼펜하우어』,『반시대적 고찰』임수길 옮김, 청하, 1998, 259쪽)

니체가 쇼펜하우어를 통해 읽어 냈듯이 자유는 '완벽한 고독감', '세상의 주류지식에 대한 근본적인 의심', '국가니 학문이니 하는 모든 제도와 안전장치를 거부하는 것' 등과 같은 고통을 이겨 낸 결과로 우리에게 다가오는 것이다. 한마디로 자유는 나와 세상을 한번쯤은 다 버릴 수 있는 용기로 얻을 수 있는 것이다. 자유는 자기 자신을 첫 제물로 바치는 것과 동시에 세상에 대한 토할 것 같은 혐오를 이겨 낸 결과로 얻을 수 있다. 그러니 자유는 나에게도 세상에게도 정말로 무거운 부채다. 그러니 무엇으로 이 부채를 갚을 것인가?

여기서 잠깐 나를 보자. 나는 지금 예전처럼 매일 출근할 직장이 없고, 가족을 떠나 주중에는 서울에 혼자 산다. 이런 나를 보면서 예전에 함께 일하고 공부했던 사람들이 한 번씩 걱정한다. 아마도 내가 고독 때문에 고꾸라지거나, 지루함으로 악의에 찬 멍텅구리(바보)가 될 것을 걱정하는 듯하다. 하지만 요즘 나는 고독 때문에 고꾸라질 일은 없고, 또 일상이 지루하지 않기에 악의에 찬 말로 가득 찬 멍텅구리가 될 것 같지는 않다. 지금 나는 세상에서 가장 센 철학자들을 공부하고 있다. 공자, 부처, 니체, 푸코, 루쉰, 카프카, 소세키 등등. 특히 요즘에 집중하고 있는 공부는 '니체'와 '주역'이다. 이 과정에서 나는 자주 '성인 됨'에 대하여, '군자 됨'에 대하여, '자유로운 삶'에 대하여 배우고 있다. 그리고 매우 고맙게도 이를 배우고 가르치는 친구와 선생도 있다.

하지만 또 한편에서는 '공부한다는 것'과 '군자, 성인, 자유인이 된다는 것', 나아가 '철학하는 삶을 산다'라는 것이 우스운 것이 된 지금 시대에 '어떻게 공부하고 살아야 하는가?'라는 생각이 수시로 들기도 한다. 이런 나에게 니체는 이럴 때일수록 철학의 진정한 친구가 되어야 한다고 말한다.

우리 시대의 현상이라면, 철학의 존엄은 짓밟히고 만 것이다. 철학 자체가 무언가 우스운 것, 혹은 아무래도 좋은 것으로 되어 버린 것처럼 보인다. 그러므로 철학의 참된 벗은 모두 이 뒤바뀜에 반대하는 증언을 하고, 적어도 철학의 저 거짓 봉사자이자 존엄을 더럽히는 자만이 우스꽝스런 자이고 또는 아무래도 상관없는 자라는 것, 이것만은 보여 줄 의무를 지고 있다. 더 좋은 것은 그들이 행동으로써, 진리에의 사랑이 무언가 무섭고 강렬한 것이라는 것을 증명하는 일이다. 이런 것들을 쇼펜하우어는 증명했다 ── 그리고 앞으로 날마다 더욱더 증명해 갈 것이다.(니체, 「교육자로서의 쇼펜하우어」, 『반시대적 고찰』 273쪽)

이제 우리는 니체의 친구, 혹은 철학의 친구가 되어야 한다. 왜냐하면 철학의 진정한 친구들만이 철학하는 삶, 철학의 옳음을 증명하는 삶을 살 수 있을 것이기 때문이다. 우리는 '공부하고, 군자 되고, 성인 되고, 철학하는 삶'을 우스워하는 세상과 맞서 싸워야 한다. 우선은 이 뒤바뀜에 대해 말로라도 반대 증언을 할 필요가 있다. 다음으로는 지금 자기들 스스로 세상을 움직이고 있다고 떠들어 대는 사람들이 얼마나 우스꽝스러운지를 보여 주어야 한다. 나아가서 우리 각자의 삶을 통해 '공부하고, 군자 되고, 성인 되고, 철학하는 삶'이 충분히 가능함을 보여 주어야 할 것이다.

니체는 자신이 스승으로 존경한 쇼펜하우어를 통해 이를 증명하고 날마다 더 많이 증명할 것이라 했기에 우리는 이를 좀더 찬찬히 따라가며 배워 볼 필요가 있다.

2. 니체, 쇼펜하우어에게 훅 가다!

니체는 쇼펜하우어의 책 첫 페이지를 읽은 후 확고하게 마지막 페이지까지 읽을 것을 알았고, 그가 한 모든 말에 귀를 기울이는 독자 가운데 한 사람이었다고 고백한다. 이렇듯 쇼펜하우어는 니체의 마음을 단번에 사로잡았고, 이후 당분간 니체는 쇼펜하우어를 자신의 선생으로 기리고 기억한다. 물론 우리가 지금까지 경험한 선생과는 완전히 다르다.

> 자기를 발견하고, 보통 어둠침침한 구름 속을 떠다니고 있는 것과 같은 마비 상태로부터 자기로 돌아오기 위해서는 분명히 다른 수단이 있겠지만, 나는 자기의 교육자, 형성자를 생각해 내는 것보다 더 좋은 수단을 모른다. 그래서 오늘은 내가 자랑할 수 있는 선생이며 엄격한 교사인 아르투르 쇼펜하우어를 생각하기로 하겠다—다른 사람들에 대해서는 나중에 생각하기로 하고.{니체, 「교육자로서의 쇼펜하우어」 『반시대적 고찰』 195쪽}

니체에게 쇼펜하우어는 '자신을 마비 상태에서 벗어나게 해주고, 자신을 발견하게 해 주며, 정신을 차릴 수 있도록 해 준 존재'였다. 니체의 교육자이자 형성자였던 쇼펜하우어는 니체에게 엄한 규율 감독자와도 같은 존재였다. 어떤 의미에서 쇼펜하우어는 니체에게 교육자이자 형성자로 이토록 강한 영향력을 가질 수 있었을까?

1) 해방자로서의 교육자

우리는 살면서 많은 교사를 만난다. 돌아보면 우리가 만난 교사들은 우리의 마음을 사로잡지도 않으면서 가르치려고만 하는 사람들이 대부분이었다. 하지만 니체에게 쇼펜하우어는 완전히 다르게 다가왔다. 그는 당시 니체에게 감추어져 있는 것보다 훨씬 높은 무엇인가를 건드린다. 그리하여 니체는 마치 망치로 한 대 얻어맞은 것처럼 쇼펜하우어에게 빠져든다.

그대의 참 본질은 그대 안에 깊숙이 감추어져 있는 것이 아니라, 그대 위에 적어도 그대가 보통 그대의 자아로 여기고 있는 것 위에 측량할 수 없을 정도로 높게 자리잡고 있기 때문이다. 그대의 참된 교육자와 형성자는 그대의 본질의 원래 의미와 근본소재를 이루는 것, 전혀 교육하거나 형성할 수 없고, 어떻든 가까이하기 어렵고 구속당하기 어렵고 마비당하기 어려운 어떤 것을 그대에게 발설한다. 그러므로 그대의 교육자는 그대의 해방자 이외의 것일 수 없는 것이다.{니체, 「교육자로서의 쇼펜하우어」, 「반시대적 고찰」, 194쪽}

쇼펜하우어는 니체에게 '인간의 깊은 본성'을 알려 주었다. 그것은 '가르칠 수도 없고, 억지로 만들어 보여 줄 수도 없는 것'이다. 이렇게 쇼펜하우어는 니체에게 '해방자'로 기억된다. 쇼펜하우어는 대학을 고집하고, 정부에 복종했으며, 종교적 신앙의 위선 속에 머물렀던 강단 철학을 거부한 것으로 유명하다. 니체는 "철학에 따라 사는 일이 가능한지 어떤지를 시험하는 비판은 대학에서는 결코 가르쳐지지 않는다"{니체, 「교육자로서의 쇼펜하우어」, 앞의 책, 264쪽}라고 말한다. 그는 국가와 대학으로부터의 독립을 추구하는 '삶의 철학'이라는 길을 걸어간다. 세상 속으로 걸어 나와 '삶의 철학'을 추구한 쇼펜하우어에게서 니체는 천재성을 발견한다. 쇼펜하우어는 바그너와 같이 대담하고, 무엇보다 자신에게 정직하게 산 사람이라는 것이다. 니체에게 이들은 '천재'로 다가왔다. 이들은 자신 안에 감추어져 있는 것보다 훨씬 높은 무엇인가를 드러내기 위해 기꺼이 기존의 질서와 맞붙어 싸우며 적대 관계에 빠지는 것을 두려워하지 않았다. 니체는 이 둘과는 달리 진리란 별로 까다롭지도 않고, 무질서나 일탈에 빠질 염려도 없으며, 그래서 편안하고 마음 좋은 "진리", 혹은 "순수학문"이라는 이름으로 떠벌리고 다니는 당시 교수님들의 모습을 보면서 역겨움을 느낀다. 우리라면 어느 쪽에 마음이 끌릴 것인가? 니체는 분명 쇼펜하우어와 같은 천재들에게 마음을 빼앗겼다.

칸트로 대표되는 강단 철학은 자신들의 학문 행위를 아무리 고상하게 포장해 봐야 결국은 국가, 종교, 기존 질서에 기어들어 갈 수밖에 없다는 것이다. '나'라는 존재도 마찬가지 아닌가? 나를 국가, 돈벌이, 사교, 학문의 관점에 놓고 한번 보자. 이 속에서 나는 당연히 난쟁이와 같은 존재가 될 수밖에 없다. 결코 위대해지거나 거인다워질 수 없다. 그 유명한 칸트조차 삶의 관점에서 보면 '번데기'의 상태를 벗어나지 못했다는 평가가 단순히 비아냥은 아니다. 하지만 니체가 주목한 천재들은 처음부터 삶의 문제를 직접 건드린 사람들이다. 그것도 가장 높고 고귀한 삶을 향해! 그리하여 니체는 우리에게 아무리 노력해 봐야 난쟁이와 번데기의 상태를 벗어날 수 없는 세속의 관점을 버리고, 처음부터 삶에 대해 최고의 기술을 가진 위대한 천재(군자, 성인, 예수, 부처)들의 삶, 즉 세상에서 가장 센 철학자들의 삶과 철학을 배울 것을 주문한다. 물론 공부의 방식도 가장 세게 한다면 더 좋을 것이다.

2) 자기를 제물로 바친 철학자

니체에게 쇼펜하우어는 단순히 책을 통해서가 아니라 구체적인 삶을 통해서 모범을 보인 사람이다. 쇼펜하우어는 결코 쉬운 삶을 살았던 사람이 아니다. 쇼펜하우어의 삶과 철학은 단 한 사람도 그의 저술에 관심을 기울이지 않을 수 있다는 '완벽한 고독', 그로 인해 몰려오는 '동경과 우울'과의 싸움을 이겨 낸 결과이다. 뿐만 아니라 그의 철학은 자신이 속한 시대적 위험, 즉 자유로워지는 것, 온전히 자기 자신이 되는 것을 방해하는 것들과의 싸움을 극복한 결과이다. 쇼펜하우어는 무엇으로 이 힘겨운 싸움에서 이길 수 있었을까? '고독'과 '절망', 혹은 '우울' 앞에서 인간이 얼마나 나약할 수밖에 없는지를 우리는 잘 알고 있다. 이 중 하나만으로도 자신의 목숨을 버리는 시대를 살고 있다. 하지만 쇼펜하우어는 이 모든 것을 극복하고 자신의 철학을 탄생시킨다. 분명 우리와는 다른 무엇인가가 있다.

그도 모든 것을 인식하려 하는데, 괴테적 인간과는 다른 방식으로 그렇게 하며, 자기를 지키고 사물의 다채로움을 즐기기 위해서 고상한 유약(柔弱)에 몸을 바치는 것이 아니라, 그 자신이 그가 바치는 최초의 희생물인 것이다. 영웅적 인간은 자신의 행운과 불운, 자신의 덕과 악덕, 일반적으로 사물을 자신의 척도로 재는 것, 이것을 경멸하고, 더이상 자신에 관해서 아무것도 바라지 않고, 모든 사물에서 그러한 희망을 조금도 품을 수 없는 밑바닥까지 보려고 한다. 그의 힘은 그의 자

기 망각에 있다.(니체, 「교육자로서의 쇼펜하우어」, 『반시대적 고찰』 226~227쪽)

쇼펜하우어는 당시 유행하고 있던 괴테적 인간상인 '명상적 삶의 태도'와 루소적 인간상인 '자신의 본성(자연)'을 억지로 지키려는 노력을 모두 괜히 고상한 척하는 유약한 삶이라 비판한다. 대신 쇼펜하우어는 인간이 가진 '자기 망각'이라는 힘을 통해 자신을 제물로 바칠 것을 주문한다. 자신을 제물로 바친다는 말은 지금의 '자기'라는 것을 온전히 해체하려는 결단이 있어야 가능한 선택이다. 아마도 쇼펜하우어는 자신의 삶에 대해 '행복하니, 불행하니', '착하니, 안 착하니' 평가하는 인간을 경멸했을 것이다. 인간에 대해 혹은 삶에 대해 이것보다 한심한 평가 기준이 어디에 있는가? '나의 삶'이라는 문제 앞에서 행복하면 어떻게 할 것이고, 불행하면 어떻게 할 것인가? 뭐를 어떻게 하면 착한 것이 되고 뭐를 어떻게 하면 착하지 않은 것이 되는가? 이 모든 것은 '자기'라는 '너무나도 좁은 척도'에 의해 평가되는 것이다. 사실은 이 '자기'라는 것도 알고 보면 웃긴 것이다. 정작 이 '자기'는 '자기 자신'이 아니다. 그들 스스로 수백 개의 가면을 쓰고 청년, 장년, 노인, 아버지, 시민, 사제, 관료, 상인이 되어 거드름을 피우는 허상들이다. 하지만 이 허상들은 각각의 이름으로 '자기 자신'을 얼마나 억누르고 있는가. 이들에게서는 아무것도 바랄 것이 없다. 이들을 다 버린 후, 다시 나를 바라볼 수 있어야 한다.

3) 나의 머리를 쳐들게 한 니체

쇼펜하우어는 니체를 부끄럽게 한 듯하다. 마찬가지로 니체는 나를 매우 부끄럽게 했다. 니체는 말한다. "우리는 혼자 조용히 있을 때, 무언가가 귀에 속삭여지는 것을 두려워한다. 그래서 고요함을 싫어하고 사교에 의하여 귀를 마비시키는 것이다."(니체, 「교육자로서의 쇼펜하우어」, 앞의 책, 231쪽) 그렇다! 우리는 늘 먹고, 마시고, 떠들고, 이래저래 과시하고, 잘난 체한다. 하지만 우리도 살아 있는 인간인 이상 니체를 만나면서 한 번씩 이런 나의 상태에 깜짝 놀라고, 때론 자성의 순간을 갖기도 한다.

> 우리는 앞에서 말한 것처럼, 이 모든 것을 가끔 파악하고, 그리하여 현기증을 일으키는 모든 불안과 초조를 아주 이상하게 생각하고, 눈 뜨는 데 두려움을 느끼고는 눈뜸에 가까이 다가갈수록 더욱 활발하게, 더욱 요란스럽게 꿈꾼다고 하는 우리 삶의 꿈과 같은 상태 전체를 이상하게 생각하곤 한다. 그렇지만 우리는 이와 동시에, 자신이 가장 깊은 자기반성에 오래 견디기에는 너무 약하다는 것, 모든 자연이 자신의 구원을 위해서 밀려오는 인간은 자기들이 아니라는 것을 느낀다. 그러므로 어쨌든 한 번이라도 머리를 조금 쳐들고 자기들이 어떤 흐름에 깊이 잠겨 있는지를 깨닫는 것만으로도 이미 충분하다고 느낀다. 그리고 또 이 일, 극히 일순간 떠올라서 눈

뜨는 것도, 우리로서는 자력으로 성취할 수 없고, 우리는 들어올려져야 한다—그렇다면, 우리를 들어올리는 자는 누구일까?(니체, 「교육자로서의 쇼펜하우어」, 『반시대적 고찰』 231쪽)

우리는 늘 우리를 어지럽게 하는 불안과 초조, 아니면 꿈같은 상태를 느끼면서도 깨어나는 것을 무서워하고 있다. 가끔 한 번씩은 깊이 자성하지만 현실의 힘이 너무 세다는 이유로 다시 돌아간다. 그러나 우리가 니체로 인해 한 번이라도 머리를 조금 쳐들었다면, 우리가 얼마나 깊은 강물 속에 빠져 있는지를 알 것이다. 니체는 우리를 들어올릴 것인가? 니체가 꼭 아니어도 좋다. 앞서 언급한 남산강학원과 감이당에서 새롭게 만난 공부와 많은 선생들, 그리고 친구들만으로 나는 이미 충분하다. 나는 고백할 수 있다. 이곳에서 공부를 통해 만난 인류의 문화적 영웅들! 그리고 이 공부를 함께한 친구들과 선생들은 분명 나의 머리를 쳐들게 했다고! 이들은 분명 나의 머리를 들어올린 자들이다. 이렇게 나는 니체를 만나 나와 세상에 대한 새로운 인식에 눈뜨게 되었다. 그렇다면 이제 어떻게 살 것인가?

3. 그렇게 살고 싶지는 않습니다

쇼펜하우어는 니체를 단번에 훅 가게 했다. 니체는 쇼펜하우어를 자신의 교육자로 받아들였고, 쇼펜하우어는 적어도 초기 니체 철학이 탄생하는 데 결정적인 영향을 미친다. 그렇다면 니체는 나에게 어떤 존재인가?

나는 한동안 친한 사람들에게 이런 말을 하고 다녔다. 지금까지 내 삶을 둘로 나눈다면 니체를 읽을 수 없었던 시기와 니체를 읽을 수 있는 시기로 구분된다고! 니체를 읽는다는 것은 똑똑해져서 책을 더 잘 읽는다는 말이 아니다. 니체를 읽는다는 것은 니체가 나의 존재를 흔들었다는 것이다. 니체의 힘을 빌려 나를 흔든다는 것은 나를 갈아엎기 위한 것이다. 갈아엎어야 새로운 힘이 생기고 활기를 줄 수 있다. 그래서 나는 감히 말한다. "**니체가 읽힌다!**"라고. 이 말은 이제 그냥 열심히 니체를 읽는다는 말을 넘어선다. '니체가 읽힌다!'라는 것은 이제 니체로 인하여 내가 자유로운 삶을 살아갈 힘을 얻게 되었다는 것이다.

나는 철저히 현실을 살아가는 줄 알았다. 나의 공부는 삶의 현장에 있다고 생각했다. 사회학을 배경으로 공부를 했고, 역사와 철학을 하는 사람들과 함께 공부하고 일했으니, 당연히 그렇게 생각했다.

그런데 그것이 아니었다. 나름 진보적으로, 교양을 넘어 지성적인 방식으로, 나와 세상을 만들어 보고 싶었다. 그것이 안 되는 이유는 나의 능력이 부족하거나, 아니면 세상이 너무 험하기 때문이라 생각했다. 그럼에도 불구하고 열심히 공부하고 일하는 것이 옳은 길이라 여겼다. 그래서 공부와 일이 조금씩 나아지는 듯하면 좋아하고, 그렇지 않으면 좌절하면서, 지금까지 살았다. 이것저것 많이, 그리고 열심히 했다. 하지만 오늘 니체는 나에게 다르게 말한다. '이제부터 너는 그 어떤 것보다 먼저 너의 삶을 살아야 한다고!' 다른 과제는 결코 있을 수 없다. 그러니 지금 내가 해야 할 것은 명백하다. 목적은 단 하나, 즉 내 삶의 그림을 그리는 것이다. 그리고 방법은 수천 가지, 즉 일상에서 행하는 구체적인 모든 일에 내 삶의 색깔(?)이 드러나게 하는 것이다.

이제 나는 일상을 과거와는 다른 상태로 가져갈 필요가 있다. 공자는 곤궁해도 흐트러지지 않았고, 루쉰은 쇠철방과 같은 절망 속에서도 자신의 글쓰기를 멈추지 않았다. 그리고 절대 어쩔 수 없다는 말로 자신의 삶과 화해하지 않았다. 니체는 인간의 고귀함을 해치는 그 어떤 것도 인정하지 않았다.

몇 년 전 지금의 나를 있게 한 선생님의 문병을 다녀왔다. 나에게 그냥 선생님은 아니다. 내가 지금까지 공부하고 일하는 데 많은 영향을 미치신 분이다. 나에게는 교육자이자 형성자였던 선생님이시다. 문병을 마치고 나오는데 선생님이 말씀하셨다. "안 선생, 이제 서울 올라가지 마~" 나는 알고 있다. 선생님이 나에게 맡기고 싶은 일이 있다는 것을. 그리고 그 일이 무의미한 일도 아니라는 것을. 그러나 월요일. 나는 아침을 먹자마자 서울로 왔다. 물론 그날 밤 잠은 잘 오지 않았다.

무엇이 나를 남산강학원과 감이당으로 오게 했을까를 생각해 본다. 솔직히 정확히는 모르겠다. 그러나 한 가지는 분명하다. 이곳에서 친구들과 선생님들과 함께 공부하면서 니체가 읽힌다는 것이다. 그리고 그 힘으로 과거의 나와는 다른 삶을 살고 싶다는 것이다. 그리고 그럴 수 있겠다는 생각까지 든다. 니체를 읽을 수 없었던 과거의 나의 상태로는, 그것이 어떤 일이든 더 하고 싶은 것은 없다. 결과는 너무나 뻔할 것이기 때문이다. 아무리 좋은 목적과 명분이어도 그렇다. 지금 세상의 가치를 넘어설 수 없다는 말이다. 그래서 지금 내가 할 수 있는 말은 이것밖에 없다. '이제 그렇게 살고 싶지 않습니다!' 지금 내가 니체를 읽을 수 있는 사람이 되는 것 말고는 달리 할 것이 없다. 지금은 그 과정에 충실하고 싶다. 그 이후는? 그것은 그때 가서 생각할 것이다. 왜냐하면 그때의 나는 지금의 나와는 또 다른 존재일 것이기 때문이다.

2장 반시대적 고찰,
즐겁고 자유로운 싸움

1. 니체와 '반시대적 사유'

『반시대적 고찰』은 니체의 여러 저작들 중 상대적으로 덜 주목받던 책이다. 그런데 나는 왜 이 책에 주목하는가? 많은 사람들이 '니체가 너무 좋아요!', '니체를 읽고 싶어요!'라고 말한다. 나도 그랬다. 하지만 니체를 제대로 읽고 있는지? 또 제대로 읽을 수나 있는 것인지? 또 니체를 읽는다는 것이 무슨 의미가 있는지? 늘 의심스러웠다. 많은 사람들이 니체라는 한 사상가를 공중에 띄워 놓고 약간은 흥분 상태에서 이런저런 감탄의 말을 늘어놓고 있는 것처럼 보였다. 그 결과 니체의 무엇을 좋아했는지, 왜 좋아했는지, 좋아해서 어떻게 되었는지도 모르고 그냥 니체를 소비하고 있었다. 나도 그랬었다. 하지만 이제는 아니다. 『반시대적 고찰』은 이제 나에게 공부를 오늘 이 시대와 나의 삶으로 당겨와 읽고 사유할 수 있게 해준 책이 되었다. 『반시대적 고찰』의 무엇이 나를 이렇게 변화시켰을까? 『반시대적 고찰』은 첫 문장부터 나를 한참 동안 머물게 했다.

독일의 여론은 전쟁, 특히 승리로 끝난 전쟁의 위험하며 좋지
않은 결과에 대하여 말하는 것을 거의 금하고 있는 것처럼 보
인다. (……) 그럼에도 불구하고 큰 승리는 크나큰 위험이라고
말해야 한다. 인간의 본성은 패배보다 승리에 견디기가 더 어
렵다.{니체, 「다비드 슈트라우스, 고백자와 저술가」, 『반시대적 고찰』 27쪽}

니체가 살았던 시대는 독일 역사에서 '피와 철의 시대'로 명
명되는 때이다. 이 시대는 독일 근대를 대표하는 시기이며, 독일
의 제왕 비스마르크가 영웅이 된 시대이다. 비스마르크는 "시대
의 중요한 문제는 연설이나 다수결에 의해서 결정되는 것이 아
니라 (……) 피와 철에 의해 결정되는 것이다"{하겐 슐체, 『새로 쓴 독일역사』,
반성완 옮김, 지와사랑, 2011, 152쪽}라고 웅변하면서 당시 독일 제국의 정치
와 경제를 이끌었던 지도자였다. 당시 독일의 지식인과 대중들
은 모두 이러한 분위기를 부추기며 열광하고 있었다. 하지만 니
체는 달랐다. 그는 당시 프랑스와의 전쟁에서 승리한 후 독일에
서 일어나고 있는 국가와 전쟁에 대한 '광신적인 믿음', '팽창하는
자본', '근거 없는 문화적 성취감'의 이면에 숨겨진 왜소하고 병든
독일 국민의 모습을 보았다. 모두가 독일이 위대해졌다고 외치는
시대에 니체의 눈에는 위축된 독일인의 모습이 더 중요하게 보였
다. 이렇듯 니체의 '반시대적 고찰'은 당시 독일인들이 자랑스러
워하는 것, 따라서 가장 애써 노력하고 있는 것들의 폐해와 결함

을 보면서 시작된다.

> 이 고찰도 역시 반시대적이다. 왜냐하면 나는 이 시대가 당당하게 자랑할 수 있는 것, 즉 그 역사적 교양을 여기서는 일단 시대의 병폐, 질병, 결함으로 이해하려는 입장이기 때문이다. 그 이유는 우리는 모두 역사라는 하나의 소모적 열병에 걸려 있으며, 적어도 우리는 자신이 이 병에 걸려 있다는 것을 깨달아야 한다고 믿기 때문이다.{니체, 「삶에 대한 역사의 공과」, 앞의 책, 108~109쪽}

오늘 대한민국에서 '시대적으로 사유하며 일상을 산다는 것'과 '반시대적으로 사유하며 일상을 산다는 것'은 어떤 차이가 있는가? 우리가 시대적으로만 산다면 사유는 필요 없을지도 모른다. TV와 스마트폰만 보고 있으면 된다. 구글이 주도하는 빅데이터가 나의 마음까지 분석해서 적절한 상품을 늘 제공해 줄 것이다. 이렇게 만들어진 상품을 잘 구매하기만 하면 된다. 여기에 사유는 오히려 성가신 일이다. 이렇듯, 사유란 애초에 반시대적이다. 하지만 우리는 그 방법을 훈련하지 않았고 따라서 정교하지 못하다. 이런 우리에게 니체의 '반시대적 사유 훈련'은 시대의 문제를 극복하기 위한 좋은 무기가 된다. 니체의 '반시대적 사유'는 우리에게 가장 익숙한 것, 또 좋은 삶을 위해 애써 노력하는 것(예를 들면 교양, 역사, 교육, 문화)들을 우리의 건강한 삶을 망치는 것으로 본다. 니체의 눈에는 당시 독일인들이 이것 때문에 오히려 '고통받고 있는 모습'으로 보였다. 시대의 영광이라는 허상에 가려진 왜소하고 병들어 가는 인간의 모습을 본 것이다. 하지만 당시 독일인들은 영광에 취해 누구도 그것이 가진 폐해를 보지 못했고, 이것이 어떤 고통을 주는지도 인식하지 못했다. 하지만 니체는 모두가 '소모적인 역사적 열병'에 고통받고 있음을 인식하고, 자신의 활동(당시로서는 전공 분야였던 고전문헌학)을 어떻게 할 것인가에 대한 태도를 다시 잡아 갔다.

> 고전문헌학이 의미를 지닌다면, 그것은 반시대적으로—말하자면 시대에 반항하며, 그럼으로써 시대를 위하여, 그리고 앞으로 올 시대를 위하여—공헌하는 것 이외에는 없으리라고 생각하기 때문이다.〈니체,「삶에 대한 역사의 공과」,『반시대적 고찰』 109쪽〉

니체는 자신의 활동을 시대와 대립시켰다. 다시 말해 반시대적으로 사유했다. 그렇게 함으로써 그는 자신의 반시대적 사유가 시대에 영향을 미치길 원했고, 가능하다면 앞으로 다가올 시대에 영향을 미치고자 했다. 『반시대적 고찰』 전체는 당시 언론, 종교, 국가, 자본의 가치 체계에 속박된 독일 사회를 반시대적으로 사유하면서 자기 삶의 길을 찾아간 니체 자신의 분투기이다. 따라서 우리는 니체의 '반시대성'을 단지 오늘 우리 시대에 대한 비판적 안목을 기르기 위한 차원이 아니라, 니체가 그러했듯이 오늘 우리들의 공부와 삶의 길을 새롭게 열어 갈 방법론으로 읽어야 한다.

이런 맥락에서 '반시대적 사유'라는 니체의 '철학적 방법론'은 지금 우리에게 어떤 의미가 있을 수 있는지 물어 보자. 우리는 '열심히, 많이' 일하고, '열심히, 많이' 논다. 우리만큼 열광적으로 공부하고 일하고 노는 사람들도 없을 것이다. 그런데 왜 각자의 공부와 일과 놀이가 삶의 자양분이 되지 않는가? 공부를 더해 갈수록, 일을 더해 갈수록, 놀이를 더해 가는 만큼 사람들은 왜 자기 삶에 대한 힘을 키워 가지 못하고 있는 것일까? 어떻게 하면 공부가 삶의 자양분이 될 수 있을까?

니체는 오늘 우리에게 '우리 삶에서 가장 친숙한 것, 삶을 잘 살기 위해 가장 노력을 많이 기울인 것, 그래서 가장 귀하다고 생각하는 것'을 다시 사유하라고 말한다. 지금 우리가 귀하게 여기는 것들이 '내 삶의 폐해이자 질병이고 결함일 수 있음'을 사유하라고 말한다. 하지만 니체는 이것들을 통째로 버리라고 말하지 않는다. 니체의 '반시대적 사유'는 어떤 것을 취하고 버리는 것이 아니라, 자기 삶의 현장에서 자신의 활동이 오늘과 다가올 미래에 지금까지와는 다른 방식으로 작동할 수 있도록 하는 훈련이다.

2. 실험하는 자의 싸움

『반시대적 고찰』은 확실히 호전적이다. 이것은 내가 '몽상가 한스'가 아니라는 것, 내가 검을 빼는 일을 즐거워한다는 것을 입증한다──아마 내가 위험하리만치 자유롭게 손목을 움직인다는 것도 또한 입증하고 있다.(니체, 「나는 왜 이렇게 좋은 책을 쓰는가」, 『이 사람을 보라』 이상엽 옮김, 지식을만드는지식, 2016, 93쪽)

이 말은 『반시대적 고찰』에 대한 니체 자신의 서평을 시작하는 글이다. 니체는 '반시대적 사유'라는 자신의 철학적 방법론(무기이자 기술)으로 시대와의 싸움을 시작한다. 이 싸움은 절대 몽상가의 꿈이 아니라, 구체적인 현실과의 싸움이다. 또한 즐거운 싸움이었으며 (위험하긴 하지만) 자유롭고 경쾌한 싸움이었다. 니체의 언어로 말하자면, 이것은 곧 '실험하는 자'가 가져야 할 싸움의 기술이라 할 수 있다.

1) 속물 교양과의 싸움

니체는 당시 승리에 취한 독일인들의 모습을 '속물 교양인'이라 지칭하고 거울 앞에서 거드름을 피우는 '수탉'에 비유한다. 니체는 당시 속물 교양인들의 모습을 지켜보며 몹시 민망해했다. 누군가 자기 사유는 되지 않고, 또 자신에게서 우러나오는 것이라고는 아무것도 없으면서, 자기 몸에 붙어 있어 거추장스럽기 짝이 없는 온갖 장식을 치렁치렁 매달고 있다고 생각해 보자. 상상만 해도 웃기고 민망하다. 그런데 그는 자신의 모습을 요리조리 거울에 비춰 보면서 자랑스러워하기까지 한다.

그런데 잠깐! 혹 오늘 우리들이 이런 모습은 아닐까? 자기 사유는 되지 않고, 또 자신에게서 나오는 것은 아무것도 없으면서, 모든 것을 외부에서 얻어진 것으로 덧붙이고, 우쭐대고, 비교하고, 평가하는 우리 삶의 군상들이 이와 다르지 않다. 다만 '내가 가진 것만은 우아하고 아름답고 예의 바른 것'이라고 생각할 뿐이다. 허상이다! 수탉도 이렇게 생각하고 있을지 모른다. 그런데 문제는 여기서 그치지 않는다. 시대의 문제를 인식하고 풀어 가야 할 당시 대학의 (철)학자들조차 이러한 교양에 자족하면서 자랑스러워하고 있었다. 오늘 우리의 대학, 나아가 우리의 공부도 이것이 아니라고 장담할 수 없다. "근대인은 결국 막대한 수의 소화시킬 수 없는 지식의 돌을 굴려 가는데, 그렇게 되면 이 돌들이 또 마치 동화에 나오는 것처럼 가끔 몸 속에서 규칙 바르게 덜커

덩 덜커덩 울린다."(니체, 「삶에 대한 역사의 공과」, 『반시대적 고찰』, 132쪽) '참으로 시 끄러운 시대', '자기표현'과 '남과의 비교'를 강조하는 시대에서 우리만이 예외일까? 아니면 우리도 일종의 수탉일까?

니체는 '속물 교양'에 젖은 당시 독일 문화와의 싸움을 이렇게 시작했다. 싸움에는 우선 적을 분명히 하는 것이 중요하다. 하지 만 더 중요한 것은 그 적과 싸울 무기와 기술을 분명하게 하고 이 를 잘 가다듬는 것이다. 니체가 싸운 적은 '속물 교양'으로 분명하 다. 그렇다면 그에 대적할 우리의 무기와 기술은 무엇인가?

교양이란 그런 것이 아니라 해방이며, 식물의 연한 싹을 침해 하려 하는 모든 잡초, 자갈, 해충의 제거이며, 빛과 열의 방사 (放射)이며, 밤비의 정에 겨운 쏟아짐이다. 교양은, 자연이 인 자한 어머니처럼 자비로운 마음을 품고 있을 경우에는 자연 의 모방이며 숭배인데, 자연의 잔혹하고 무자비한 공격을 예 방하고 자연을 선으로 향하게 하는 경우, 자연의 계모(가짜 엄 마) 근성과 슬픈 몰이해를 베일로 덮어 가릴 경우에는 자연의 완성이다.(니체, 「교육자로서의 쇼펜하우어」, 앞의 책, 194~195쪽)

니체는 '속물 교양'에 대적할 '교양'은 '자신의 진정한 본질로 서의 자연'이며, '자신을 해방시키는 교육적인 행위'라고 말한다. 니체에게 교양이란 가짜 엄마의 마음으로 아이를 키우는 것이 아니다. 교양이란 '해방'이며, '진짜 엄마의 마음'으로 자기 삶을 고귀하게 만들어 가는 것이다. 이를 위해 니체는 시대적 사유에 갇힌 현대적 교육이 아닌 반시대적 사유로 무장된 비현대적 교육에서 새로운 길을 찾아간다. 니체는 "비근대적으로 교육받은 인간, 다시 말하면 성숙한, 영웅적인 것에 익숙해진 사람들이 백 명만 있으면, 이 시대의 떠들썩한 사이비 교양 전체를 영원히 침묵시킬 수 있는 것이다"(니체, 「삶에 대한 역사의 공과」, 앞의 책, 152쪽)라고 말한다. 사이비 교양은 '가짜 엄마'가 자식을 키우는 마음이다. 가짜 엄마의 마음으로 자식에게 주는, '먹고, 보고, 듣고, 읽고, 기억하게 하는 것들'은 우리의 몸과 마음을 건강하게 하지 못한다. '가짜 엄마'의 마음은 나에게 힘찬 흐름을 주지 않는다. 언제나 '허상'을 따라가게 해서 우리를 왜소하고 병들게 한다. 이제 우리는 '진짜 엄마의 마음'을 찾아야 한다. '진짜 엄마의 마음'으로 생명을 키워야 한다. 이것은 곧 니체가 말하는 '교육자'의 다른 이름일 것이다.

하지만 생명을 낳고 키우는 진짜 엄마의 마음을 찾는 것이 쉬운 일은 아니다. 이것은 우리가 흔히 생각하듯이 우리 각자에게 감추어져 있는, 그래서 약간의 수고로 마음만 먹으면 꺼낼 수 있는 그런 것이 아니다. 솔직히 지금 우리의 안목과 경험으로는 아직 본 적이 없고, 볼 수도 없는 것이다.

적어도 니체를 읽고 있다면, 인간의 본성이 지금 내가 알고 있는 정도는 아니라는 점을 인정할 것이다. 분명 인간에게는 더 깊은 본성이 있다. 그리고 우리 모두는 '가짜 엄마'에 의해 길러졌다는 사실도 알게 된다. 이제 우리가 새롭게 공부하면서 만나야 하는 스승과 친구들은 '진짜 엄마'의 마음을 가진 사람들일 것이다. 니체에게는 쇼펜하우어가! 나에게는 니체가! 우리는 이제 지금까지 자신을 억지로 키우고 입히고 먹이고 자라게 한 '가짜 엄마'를 버리고 '진짜 엄마', 즉 '자신의 교육자이자 형성자'를 찾고 그와 함께 길을 가야 한다. 이런 맥락에서 우리 시대 모든 엄마들은 이제 '반시대적 인간'이 되어야 할지도 모른다. 왜냐하면 실제로 대부분의 시대적 질병들은 '엄마라서!'라는 말을 타고 들어오고 확산되기 때문이다. 이제 우리 모두 '시대적'이라는 '가짜 엄마'를 버리고, '반시대적'이라는 '진짜 엄마'와 함께 공부하고 살아 보자.

2) 과잉된 역사(지식)와의 싸움

니체는 '역사의 결핍'이 문제가 아니라, '역사의 과잉'이 삶에 적대적인 것이고 삶을 위험하게 한다고 말한다. 니체는 '역사의 과잉' 혹은 '앎의 과잉'으로 인해 지쳐 있는 현대인들에게 묻는다. '너희에게 활기를 주지 않는 교훈과 그 많은 지식이 무슨 의미가 있을까?'라고! '우리 삶에 정말 필요한 것이 무엇인가?'라고! 그리고 니체는 우리에게 주문한다. '자신에게 가장 중요한 물음들로부터 도망치지 말라'고!

사람들은 대단히 열심히 그들의 업무와 학문에 종사하는데, 이것은 단지 모든 고독과 모든 현실의 한가함이 그들에게 밀어 넣으려는 가장 중요한 물음, 참으로 무엇 때문에 어디서 와서 어디로 가는가 하는 저 물음에서 도망치려 하기 때문이다.(니체, 「다비드 슈트라우스, 고백자와 저술가」 『반시대적 고찰』 70쪽)

우리 모두는 '바쁜 스케줄'이라는 시대적 질병을 앓고 있다. 우리는 참 바쁘게 살아간다. 바빠야 존재감이 있는 것처럼 착각하고 살아간다. 심지어 백수도 바빠서 몸살이 난다는 말까지 있다. 그런데 이들이 정말 바쁘기나 한 것일까. 우리 시대에 '바쁘다'는 말은 대부분 다른 의미를 포함하고 있다. 삶의 근본적인 질문을 피하기 위한 마음이 그 안에 있다. 주변을 둘러보면 바쁘다는 말을 입에 달고 다니는 사람치고 뭘 하나 제대로 하는 경우가 없다. 반대로 큰일을 하는 사람들은 '바쁘다'라는 말을 잘 하지 않는다. 니체는 특히 그랬다. 그는 맑고 청명하고 따뜻한 공기를 찾아다니면서, 몇 권의 철학책을 읽고, 깊은 사유를 하면서 친구들과 시간을 보냈다. 그 결과 오늘 우리가 읽고 있는 니체가 되었다. 우리도 니체에게서 이것을 배워 보자. 니체는 우리에게 말한다. "어째서 이 땅덩이에, 이 생업에 얽매여 있는가, 어째서 이웃이 말하는 것에 귀를 기울이는가? 이삼백 리 떨어져 있기만 하면 이미 구속력을 상실하고 마는 견해를 자기에게 의무로서 부과하는 일은 매우 소도시적이다"(니체, 「교육자로서의 쇼펜하우어」, 『반시대적 고찰』 193쪽)라고! 우리도 이제 니체처럼 살아 보자. 나를 위해 고향을 떠나 보고, 생업에 매달리지 말고 정말 생업에 필요한 경제활동만을 해보자. 이것만으로도 우리는 이웃이라는 무서운 시선들, 우리를 구속하는 많은 이념적 가치들을 지워 나갈 수 있을 것이다.

과잉된 역사, 과잉이 문제인 지식, 타자의 해석에 힘들어하는 우리가 이에 대적해 싸울 무기와 기술은 무엇이며, 이것은 어떻게 단련될 수 있는가? 우리는 남들로부터 너무 좋은 해석을 기대하며, 온갖 고생과 치장을 마다하지 않는 것은 아닌가? 니체는 먼저 우리에게 이렇게 묻는다. '너희는 과연 무엇을, 혹은 누군가를 해석할 수 있는 존재인가?'라고. 그렇다! 이제 우리에게 새로운 과제가 생겼다.

> 그대들은 단지 현대의 최고의 힘으로부터만 과거의 것을 해석해도 된다. 그대들은 그대들의 가장 고귀한 성질을 가장 강하게 긴장시키는 경우에만, 과거의 것 중에서 무엇이 알 만한 것이고, 보존할 만한 것이고, 위대한 것인지를 추측할 수 있을 것이다. 같은 것은 같은 것에 의하여! 그렇지 않으면 그대들은 과거의 것을 그대들 있는 곳까지 끌어내리는 셈이 된다.(니체, 「삶에 대한 역사의 공과」, 앞의 책, 151쪽)

우리는 나에 대한 타인들의 해석 때문에 걱정을 하거나, 자신에 대해 무언가를 해석할 경우에도 언제나 말석의 관점과 시야를 가지고 해석한다. 그러니 해석하기도 전에 걱정이 앞선다. 이렇게 우리는 왜소한 자의 해석에 갇혀 있다. 하지만 니체가 말하는 해석은 '최고의 힘'을 필요로 한다. 그렇지 않은 해석은 과거와 타인을 나의 수준으로 끌어내리는 것으로 작동한다. 같은 것은 같은 것을 통해! 내가 가진 현재의 힘만큼 나는 과거와 타인을 해석할 수 있다. 내가 고귀한 특성을 가지고 있는 만큼 나는 지나간 것들, 혹은 현재의 많은 일들 속에서 딱 그만큼의 고귀함을 읽어 낼 수 있다. 반대로 내가 왜소한 생각(속물 교양의 생각)에 갇혀 있으면, 과거와 현재는 부정적으로, 아니면 염세 혹은 질투로 해석될 것이다. 그렇다면 그 힘은 어디에서 오는가?

신도 아니고 인간도 아니다, 그들 자신의 청춘뿐이다. 청춘을 질곡에서 해방시켜라, 그러면 그대들은 청춘과 더불어 삶을 해방시킨 셈이 될 것이다. 왜냐하면 삶은 감옥 속에 다만 숨겨져 있을 뿐이지, 아직 시들어 사멸해 버린 것이 아니기 때문이다.(니체, 「삶에 대한 역사의 공과」 앞의 책, 185쪽)

자신의 '청춘'만이 이러한 힘을 발휘할 수 있다. 하지만 우리는 '청춘의 힘'을 자신의 감옥 속에 감추고 있다. 우리가 할 일은 스스로 감추고 있는 것을 풀어 주는 일이다. 예를 들어, '청춘'은 결함이 많은 존재들이다. 하지만 청춘은 그 자체로 힘이 있기에 그 결함이 현재 상태에서 굳어지는 것이 아니라, 그것을 다시 조형해 가면서 새로운 존재로 탄생할 수 있다. 그러나 이런 일은 내 힘만으로는 할 수 없다. 니체가 쇼펜하우어라는 반시대적 철학자를 자신의 교육자로 받아들였듯이 우리도 누군가를 자신의 교육자로 받아들여야 한다. 우리는 이제 과잉된 역사의 끝물 혹은 아류가 아니라, 역사의 장자 혹은 조형력을 가진 존재가 되어야 한다. 이제 우리는 "스스로 고유한 방식으로 생장하고, 과거의 것과 이질적인 것을 개조하여 자신과 일체화하고, 상처를 치료하고, 잃은 것을 보충하고, 부스러진 형체를 스스로 복제하는 힘"〔니체, 「삶에 대한 역사의 공과」, 『반시대적 고찰』, 112쪽〕을 가진 존재임을 알아야 한다. 니체는 우리에게 '역사의 끝자락에서 나에게 활기를 주지 않고, 나의 활동을 약화시키면서, 가르치려고만 하는 지식'은 더이상 배우지 말라고 말한다. '절대적 진리' 같은 것은 없다. 지식과 앎은 우리에게 '성장'과 '변형력'을 줄 때 의미와 가치가 있다. 지식과 앎은 우리에게 '치유력'과 '복제력'을 키우는 힘으로 작용할 때 의미와 가치가 있다. 이제 우리에게 '역사, 지식, 혹은 앎'은 역사의 끝물들을 위한 것이 아니라 무엇인가를 시도하고 실험해 보려는 자들을 위한 것이다.

3. 강한 사유, 강한 인간의 탄생

'인간이 스스로 존재를 변화시킬 수 있을까?', '우리는 그저 답답해 만 하는 존재가 아닐까?' 그러다 죽을 지경이 되면 한 번씩 머리를 쳐드는 정도! 하지만 니체는 이런 '회의'와 '시도'를 대단한 것으로 평가한다. 왜냐하면 이런 일조차 우리 힘만으로는 할 수 없으며, 더 중요한 것은 이것이 바로 도약을 위한 시작이기 때문이다.

> 한 번이라도 머리를 조금 쳐들고 자기들이 어떤 흐름에 깊이 잠겨 있는지를 깨닫는 것만으로도 이미 충분하다고 느낀다. 그리고 또 이 일, 극히 일순간 떠올라서 눈 뜨는 것도, 우리로 서는 자력으로는 성취할 수 없고, 우리는 들어올려져야 한다 ─그렇다면, 우리를 들어올리는 자는 누구일까?
> 그는 저 성실한 인간, 저 이제는 동물이 아닌 자, 철학자, 예술 가, 성자이다. 그들의 출현에 즈음하여, 그들의 출현을 통하 여, 결코 비약하지 않는 자연이 단 한 번의 비약을 한다.(니체,
『교육자로서의 쇼펜하우어』 앞의 책, 231쪽)

예전에도 공부란 걸 했었고 지금도 공부를 하고 있다. 하지만 예전의 공부와 최근의 공부가 다른 점이 있다. 가장 중요한 차이는 예전의 공부가 나에게 답답함을 견디는 대신 약간의 보상을 주었다면, 최근의 공부는 나의 머리를 쳐들게 한다는 것이다. 이건 무슨 의미인가. 이제 공부하는 사람들 속에서 진실한 인간들, 더이상 동물이 아닌 사람들, 삶과 세상에 대한 철학과 예술을 만나고 있다는 말이다. 그렇지만 이것이 기쁨의 도약인지 아닌지 처음에는 잘 모를 수 있다. 하지만 만약 이것이 기쁨의 도약이라면, 분명한 것은 그것이 순전히 나의 노력 때문만은 아니라는 것이다. 존재의 도약을 위해서는 규칙적인 자기 활동이 필요한데, 이것은 혼자 할 수 있는 일이 아니다. 존재의 도약을 위해서는 우리 삶을 방해하는 것들과 지치지 않고 싸울 힘이 필요하다. 이를 혼자 힘으로 한다는 것은 처음부터 불가능하다. 먼저 위대한 스승을 만나야 하고, 함께 공부하고 살아갈 친구들이 필요하다. 이 공동체는 우리를 다른 곳으로 옮겨 놓는다. 이렇듯 니체와 함께 공부하고 살아간다는 것은 우리가 지금까지와는 다른 것을 귀하게 여기고 사랑하게 된다는 말이다.

하지만 낙관할 수만은 없다. 여전히 세상은 니체를 공부하면서 '반시대적 사유'를 말하는 우리들의 모습을 우스꽝스럽게 생각할 것이다. 하지만 니체는 그럴수록 우리가 철학의 진정한 친구가 되어야 한다고 말한다.

이제 우리는 역전을 해야 한다. '어떻게 당장 나의 존재를 바꿀 수 있느냐?'라고 또 걱정할 것이다. 하지만 이제 걱정에 앞서 먼저 해야 할 것이 분명해졌다. 다행히 우리가 니체와 함께한다면 적어도 지금 당장 사유의 역전은 가능하다. 그 결과 우리는 세상의 가치를 추구하여 성공한 삶을 뽐내는 사람들의 삶이 실제로 얼마나 왜소하고 병든 것인지를 알게 될 것이다. 동시에 그들과 다르게 살아가려는 삶이 얼마나 강하고 건강한 삶인지를 행동으로 증명하면 좋을 것이다. 이런 우리에게 누군가는 그 행동이 어떤 것인지를 또 물을 것이다. 어떤 사람들은 이렇게 공부할 때는 뭔가 될 것 같지만, 집으로 돌아가면 예전의 모습으로 살아가는데 과연 '존재의 변화'라고 하는 것이 가능한 것인지를 의심한다. 이런 현대인들에게 니체는 '반시대적 고찰'이라는 '강한 사유'를 주문했다. 니체는 '강한 사유'는 '강한 욕구'를 끌어올리고, 나아가 '강한 행동'으로 이어진다고 가르친다. 이렇듯 '반시대적 사유 훈련'은 우리의 일상을 바꾸고, 나아가 우리의 존재를 바꿀 것이다. 그렇게 되면 우리는 그동안 현대인들이 그렇게 소중하게 생각하던 것들을 더이상 쳐다보고 싶은 마음조차 잃어버린 사람이 될 것이다.

3장 인간적인 너무나 인간적인

1. 아포리즘과 블록 쌓기

대학교수 니체가 아닌 철학자 니체가 된 결정적인 계기는 『비극의 탄생』이다. 이 책에서 니체는 '남성적인 것과 여성적인 것의 주기적인 짝짓기', '디오니소스적 인간' vs '아폴론적 인간' 등의 사유를 통해 자신의 '디오니소스'를 찾아갈 것임을 밝힌다(1부 4장 참조). 그리고 이것은 곧 니체가 왜 철학을 하는지에 관한 이유가 되었고, 그는 이 과제를 자신의 후기 철학까지 밀고 간다. 이후 니체는 『반시대적 고찰』이라는 '철학적 방법론'으로 '교양', '역사', '교육', '예술' 등에 대한 본격적인 저술을 시작한다. 그리고 앞으로 『반시대적 고찰』에서와 같은 글을 50개 정도 저술할 것이라는 포부를 밝히기도 하고, '반시대적 고찰 구상'이라는 메모로 '교양속물, 역사, 철학(자), 학자, 예술, 교육(자), 종교, 국가(전쟁, 민족), 언론, (자연)과학, 민중(사회), 언어'와 같은 저술 기획을 남기기도 하였다. 하지만 니체의 이 구상은 계획으로 그친다.

니체는 1876년 『반시대적 고찰』 네번째 글인 「바이로이트의 리하르트 바그너」 출간을 끝으로 자신의 문체를 완전히 바꾼다.

『인간적인 너무나 인간적인 I·II』, 『서광』, 『즐거운 지식』으로 이어지는 니체의 중기 작품들이 대표적이다. 이 네 권의 문체는 앞선 두 권의 책, 즉 『비극의 탄생』과 『반시대적 고찰』의 문체와는 완전히 다르다. 앞의 두 책은 자신의 주장을 논증하는 글쓰기, 즉 논문 형식(물론 지금 우리가 보는 논문 형식은 아니다)이다. 반면 『인간적인 너무나 인간적인 I·II』, 『서광』, 『즐거운 지식』은 니체의 글쓰기를 대표하는 아포리즘 형식에 자신의 사유를 담은 저술들이다. 후반부에는 또 논문 형식의 글이 있고, 『차라투스트라는 이렇게 말했다』의 경우는 또 다른 특별한 문체로 분류할 수 있지만, 이 또한 아포리즘의 범주에 포함시킬 수 있다. 『차라투스트라는 이렇게 말했다』의 경우 자신의 저 깊은 곳에서 올라오는 사유를 자기 '마음'대로, 자기 '몸'에서 뿜어져 나오는 대로, 그의 표현을 빌리자면 자신의 '피'로 쓴 글이다. 그 문체와 사유 모두에서 니체를 대표하고 있으며 또 그만큼 특징적이다. 그의 사유와 문체가 독특한 만큼 그의 사유를 공유하고 문체를 따라가며 읽는 것은 어렵다. 당연히 니체의 문체를 따라가지 못하면 그의 사유를 공감하기도 어렵다.

니체는 왜 체계와 논리를 강조하는 논문이 아닌 아포리즘의 형식으로 자신의 사유를 표현하려 했을까? 니체는 분명 자신의 문체에 자신의 '삶에 대한 철학'을 담고자 했다. 예를 들어 삶에는 '논리, 혹은 체계가 없다는 것'. 삶의 현장에는 '불가피한 것들이 참 많다는 것'. 삶은 온통 '비논리적인 것, 불공정한 것, 오류'투성이라는 것. 니체가 보기에는 이것이 삶이었고, 따라서 그는 이러한 삶의 현장성과 역동성을 담아내기 위해서는 아포리즘이라는 형식의 글이 적절하다고 판단했다.

그렇다면 우리는 니체의 글을 어떻게 읽고 공부해야 할까? 아포리즘은 대부분 짧은 글이지만 장별로 구분되어 있고, 각 장이나 절마다 제목(주제)이 있다. 짧은 글들의 모음이지만 찬찬히 읽어 보면 전체를 꿰뚫는 주제는 있다. 또한 특정 주제에 대한 사유의 폭과 깊이가 매우 넓고 깊고 다채롭다. 이런 니체의 글을 어떻게 읽으면 좋을까? 니체 전공자들은 다채롭고 깊고 넓은 사유가 담긴 니체의 아포리즘은 '퍼즐 맞추기' 방식으로 읽기보다는 '블록 쌓기' 놀이를 생각하면서 읽을 것을 권한다. 니체의 아포리즘을, 작은 조각들 하나하나를 모두 맞추면 미리 설계된 완벽한 그림이 완성될 것이라 기대하면서 읽어서는 그의 사유를 따라갈 수 없다. 대신 니체의 아포리즘을 아이들이 블록 쌓기 놀이를 하듯이 읽어 보자. 퍼즐 맞추기와 블록 쌓기는 유사하지만 매우 다른 놀이 방식이다. 우리는 이 두 가지 서로 다른 방식의 비교를 통해 니체가 삶을 대하는 관점의 차이를 이해할 수 있다. 전자가 삶을 대하는 기계론적 방식이라면 후자는 삶을 대하는 역동적인 방식이다. 당연히 니체는 후자의 관점을 강조하는 철학자이다.

이렇게 니체는 문체의 변화를 통해 자신의 글을 읽는 독자들이 삶을 대하는 관점을 바꿀 것을 의도하고 있다. 니체는 우리가 삶을 대하는 태도를 '신적인 논리' 혹은 '형이상학적(이성적인) 논리'가 아닌, '인간적인 너무나 인간적인' 방식으로 바꿀 것을 원했던 것이다. 아마 니체의 아포리즘적 글쓰기는 무엇보다 자기 자신의 인간적인 삶을 가장 잘 드러내 보여 주는 방식이었을 것이다.

니체에게 삶이라는 것은 신적인 논리 혹은 이성의 힘으로 완벽하게 설계될 수 있는 것이 아니다. 삶이란 많은 조각들이 있고, 많은 조각들을 어떻게 조합하느냐에 따라 그 모습은 달라질 수 있다. 그만큼 '지금 이 순간', 각자의 삶에 얼마나 집중하는 힘을 가질 수 있느냐가 중요하다. 이 과정에 '실패'라는 것이 있을 수도 있고, 때론 '만족한 모양'이 만들어질 수도 있다. 그러나 이 성공과 실패는 영원히 그대로 있는 것은 아니다. 또 다른 삶이 시작될 것이며, 이때는 또다시 현실에 집중해 예전과는 다른 모습을 만들어 가야 한다. 과거에 쓸모 있었던 것이 갑자기 쓸모가 없어지기도 하고, 그 반대가 되기도 한다. 때론 남의 것(힘)을 빌려 와야 할 때도 있을 것이고, 내가 남의 것(힘)이 되기도 할 것이다. 내가 집중하여 힘을 발휘하는 만큼 삶이 만들어지고 바뀔 것이며 새로운 삶이 생성될 뿐이다. 따라서 니체의 아포리즘을 읽는다는 것은 그 자체로 삶을 관찰하고 사유하는 최고의 훈련이다. 이렇듯 니체에게 문체의 전환은 곧 자기를 찾는 과정이었고, 그의 사유와 글쓰기는 '자기 자신으로의 귀환'이었다. 그리고 그 귀환은 니체 사유의 성숙 과정이었다.

2. 니체, 몸을 만나다

'인간적인 너무나 인간적인!' 이 말은 니체의 중기 저작을 대표하는 책의 제목이자, 중기 니체 사유의 핵심 문제의식을 잘 표현하고 있는 말이다. 니체 자신도 이 책을 기념비적 저서로 자부한다. 니체는 이 책을 계기로 이상주의와 완전히 결별하게 되었고, 또 이상주의와의 전투에서 완벽히 승리했다고 자부한다. 한마디로 자신은 이제 '인간적인 너무나 인간적인' 철학을 하게 되었다는 것이다. 니체는 후기에 저술된 자서전적인 책인 『이 사람을 보라』에서 "『인간적인 너무나 인간적인』은 위기의 기념비이다. 이 책은 나 스스로 일컫길, 자유로운 정신을 위한 책이다. 이 책에서는 거의 모든 문장마다 하나의 승리를 표현하고 있다. 그것으로 나는 내 천성에 맞지 않는 것에서 나 자신을 해방시켰던 것이다. 나에게 맞지 않는 것은 이상주의이다"(니체, 「나는 왜 이렇게 좋은 책들을 쓰는가」, 『이 사람을 보라』, 350쪽)라고 말한다. 이렇듯 니체는 이 책을 시작으로 자신의 문체를 바꿈과 동시에 자신의 사유 방향을 분명하게 설정한다.

니체 이전의 철학사에서 '이상주의'를 표방하면서 많은 철학적 탐구가 있었다. 니체는 이것은 자신이 생각하는 철학이 아님을 명백히 선언한다. 이러한 선언과 함께 니체는 '심리학적 고찰'(인간적인, 너무나 인간적인 것에 대한 사색)이라는 다소 평범해 보이는 방법을 자신의 중기 '철학적 방법론'으로 설정한다. '심리학적 고찰'이란 우리가 이 기술을 훈련한다면 "어려운 상황에서 침착성을 주고 갑갑한 환경 속에서는 위로를 줄 뿐만 아니라, 자신의 삶에서 가장 험난하고 불유쾌한 시절에서 잠언을 찾아내어 그것으로 조금이나마 기분을 좋게 만들어 준다는 것이다".{니체, 「심리학적 고찰의 이득」, 『인간적인 너무나 인간적인』, 50쪽} '침착성', '위로', '잠언' 등이 니체가 기대하는 심리학적 고찰의 장점들이다. 다소 소박(?)해 보이는 니체의 심리학적 고찰은 결코 소박하지 않다. 이제 니체의 관찰과 사유는 『인간적인 너무나 인간적인 I·II』, 『서광』, 『즐거운 지식』의 수많은 아포리즘에서 앞서 '반시대적 고찰 구상'이라는 제목으로 계획된 대부분의 주제들이 독특한 문체와 사유로 다뤄진다. 이러한 문제의식은 후에 『도덕의 계보』라는 저술에까지 이어지며, 여기에서 니체는 "우리는 우리 자신을 잘 알지 못한다. 우리 인식하는 자들조차 자신에 대해서는 모르고 있다. 여기에는 그럴 만한 이유가 있다. 우리는 우리 자신에 관해서 탐구한 적이 없었던 것이다".{니체, 「저자 서문」, 『도덕의 계보』, 박찬국 옮김, 아카넷, 2021, 11쪽}라는 점을 지적하며 우리를 바짝 정신 차리게 만든다.

니체의 말이 맞다! 우리는 늘 '나'와 '자기'를 외친다. 또 '내 생각'과 '내 의견'을 말한다. 하지만 이 '나', '자기', '내 생각', '내 의견'이 과연 언제 어디서 생겨나 지금의 것이 되었는지 탐구하지는 않는다. 탐구는 하지 않으면서 주장만 하고 있었다. 탐구는 하지 않고 아는 척은 하고 싶고, 주장은 강한 인간들! 이것이 니체가 본 현대인의 모습이다.

한편 니체가 '이상주의'와 결별하는 과정은 그에게는 전쟁과도 같은 사상적 결투였다. 니체는 그 과정을 후에 이렇게 기술하고 있다.

"그것은 전쟁이다. 하지만 화약도 없고 연기도 없는, 전투 태세도 없는, 격정도 사지의 탈골도 없는 전쟁이다 ─ 그렇지 않다면 이 모든 것은 여전히 '이상주의'로 있을 것이다. 오류는 차례차례 찬 얼음 위에 놓인다. 이상은 반박되지 않는다 ─ 이상은 얼어 죽을 뿐이다. … 여기서는 예컨대 '천재'가 얼어 죽는다 : 다음 구석에서는 '성자'가 얼어 죽는다 : 두꺼운 고드름 밑에서는 '영웅'이 얼어 죽는다 : 마지막에는 '신앙'이 얼어 죽는다. 이른바 '확신'이, 그리고 또한 '동정'도 꽁꽁 얼어붙는다 ─ 거의 모든 곳에서 '사물 자체'가 얼어 죽는다."{니체, 「나는 왜 이렇게 좋은 책을 쓰는가」 『이 사람을 보라』 103쪽}

니체 사유의 중기에서 시작한 '인간적인 너무나 인간적인 것에 대한 관찰과 사유'는 자신과의 전쟁이었다. 그 전쟁은 외부의 적과 대적한 물리적 전쟁이 아니었다. 그것은 자신 속에 있는 '천재'라는 이상, '성인'이라는 이상, '영웅'이라는 이상, '신앙'이라는 이상, '확신'과 '동정'이라는 이상, '물자체'라는 이상을 얼어 죽게 만드는 싸움이었다. 니체는 이 싸움에서의 자신을 '지하에서 작업하고 있는 사람'으로 표현하고 있다.

이 과정에서 니체는 자기 자신도 죽을 뻔했다고 고백한다. 하지만 자신은 이 과정에서 죽을 고비를 넘기며 간신히 빠져나왔지만, 우리에게는 "나와 같은 모험을 그대들에게 전한다고는 생각지 말아 달라! 나와 똑같은 고독을 맛보기를 전할 뿐이라고도 생각지 말아 달라"{니체, 「서문」『서광』 이필렬·임수길 옮김, 청하, 1988, 12쪽}라고 부탁하면서, 우리에게 "나를 잘 읽는 것을 배워 달라"{니체, 「서문」 앞의 책, 19쪽}는 간결한 주문을 남긴다. 자기의 아포리즘을 천천히 잘 읽는 것을 통해 자신이 그러했듯이 우리에게 자신을 잘 관찰할 수 있는 힘을 키우라는 것이다. 그런데 자신을 관찰하는 힘을 어떻게 키울 수 있을까? 니체의 가르침을 찬찬히 따라가 보자.

언젠가 니체 세미나에 새로 오신 분이 5회 정도 니체를 읽은 소회를 말했다. "니체의 말이 이성적으로 잘 받아들여지지 않아요!" 니체 세미나에서 자주 듣는 말이다. 우리는 "니체를 이성으로만 읽으려 하시면 읽히지 않을 거예요. 왜냐하면 니체는 우리의 이성에 말을 거는 것이 아니라, 우리의 몸에 말을 걸고 있기 때문"이라는 말을 했다. 그리고 그분도 우리도 이 말을 공감하면서 지금까지 니체를 함께 읽고 있다. 이 공감은 니체를 읽기 시작하는 단계에서 매우 중요한 전환점이 된다. 니체를 끝까지 이성과 논리로 이해하려는 사람들은 결국 도중에 니체 읽기를 포기한다. 반면 이 말에 공감하는 사람들은 니체 읽기를 지속하며 점점 흥미를 느끼고 다음 공부로 이어진다.

니체는 인간의 이성이 아닌, 인간의 몸에 말을 거는 철학자이다. 니체는 『비극의 탄생』에서부터 '소크라테스적 합리주의'를 비판하고 있다. 이후에도 니체는 기존의 이성 중심 철학을 '작은 이성'으로 비판하면서, 자신이 사유하고자 하는 철학은 '큰 이성'이라 말한다. 여기서 '큰 이성'이란 '몸이성', 혹은 '몸철학'이라 말하기도 한다. 니체 철학의 전반에 흐르는 소크라테스적 합리주의 비판, 플라톤의 이데아론 비판, 그리스도교의 목적론 비판은 자신의 '큰 이성'에 따른 '작은 이성'의 한계를 비판하면서 그것을 넘어서는 글이다. 니체에게 인간의 신체를 넘어선 이성은 없다. 그것이 있다고 우기는 것은 '망상' 혹은 '환상'이다. 이러한 망상을 대표하는 사상이 플라톤을 대표로 하는 서양 철학과 신의 존재를 절대시(유일신)하는 그리스도교이다. 칸트로 대표되는 근대 철학이 이를 극복했다고 하지만 니체는 이 극복을 인정하지 않는다. 플라톤이 추구한 이데아론도 마찬가지이다. 인간은 순수한 사유만으로 그 존재를 파악할 수 없다. 니체에게 인간은 생각하는 개구리가 아니며, 차가운 내장을 지닌 기계가 아니다. 따라서 니체가 추구한 철학은 살아 있는 인간 안에 있는 피, 가슴, 열기, 쾌락, 정열, 고통, 양심, 운명 등의 문제를 다룬다. 이렇게 니체는 생리적인 인간을 자신의 철학적 사유의 중심에 놓는다.

니체는 "철학은 고작 신체의 해설과 신체에 대한 오해가 아닌가 하는 질문을 해 본다"{니체, 「제 2판을 위한 머리말」, 『즐거운 지식』 권영숙 옮김, 청하, 2011, 36쪽}라고 고백한다. 니체는 철학을 심리학적으로 재구성함으로써 서양 정신사 전체를 해체하며 인간의 정신세계 전체를 다시 볼 것을 요구한다. 니체에게 심리학이란 그의 '철학적 방법론'이자 기존의 철학적 관념들을 파괴하고 세계 전체를 새롭게 바라보는 해체론적 인식 자체였다. 니체는 『인간적인 너무나 인간적인』에서부터 "우리에게 필요하고 현재 개별 학문의 수준에서 비로소 우리에게 주어질 수 있는 것들은 모두 도덕적·종교적·미학적 표상이나 감각의 '화학'이다. 또한 문화와 사회의 크고 작은 교류 안에서뿐만 아니라 고독 속에서 뼈저리게 체험하는 그 모든 감동의 '화학'"{니체, 「개념과 감각의 화학」, 『인간적인 너무나 인간적인』, 24쪽}임을 밝힌다. 니체의 철학은 이렇게 기존의 관념 철학이 아닌 감각의 화학, 즉 인간의 사회와 문화의 크고 작은 관계 속에서 경험되는 충동과 자극의 화학 반응에 대해 관찰한 과정이자 결과이다. 그 결과 니체의 철학은 지금까지 서양의 형이상학 비판, 도덕 비판, 문화 비판, 종교 비판 등을 역동적으로 할 수 있는 해석학의 토대를 제공한다. 특히 니체는 생리학의 관점으로 왜소해져 가는 현대유럽 문화의 퇴화현상을 분석하고 현대사회의 병리학을 진단하여 인류문명을 건강하게 복원하려는 미래 철학의 기획으로서 '위대한 건강의 철학'을 우리에게 남겼다.

훗날 니체는 자신이 걸어온 길을 돌아보면서 스스로 탐구의 대상으로 삼은(일반적으로는 별로 중요하지 않다고 평가되는) 모든 사소한 사항들의 가치를 다시 강조하고 있다. 니체는 우리의 시선을, 실제로 있지도 않으면서 복잡하기만 했던 '신', '영혼', '덕', '죄', '피안', '진리', '영원한 삶'으로부터 빠져나와 너무나 구체적인 '일상'과 '몸'으로 옮겨 오게 한다.

> 이러한 사소한 사안들은—영양 섭취, 장소, 기후, 휴양, 자기 욕망의 전체 결의론은—이제까지 중요하다고 여겨졌던 모든 것들보다 비교할 수 없을 정도로 더 중요하다. 바로 여기서 사람들은 생각을 바꾸기 시작해야 한다. 인류가 이제까지 진지하게 숙고해 온 것은 단지 상상에 불과한 것이고 결코 실재가 아니다. 엄밀히 말하면 그것은 병적인, 가장 심층적 의미에서 유해한 본성의 나쁜 본능들에서 비롯된 거짓이다— '신', '영혼', '덕', '죄', '피안', '진리', '영원한 삶' 등의 모든 개념이 그러하다. … 하지만 사람들은 이것들 안에서 인간 본성

의 위대함과 '신성함'을 찾았다. ⋯ 정치나 사회 조직이나 교육의 문제 전부는 사람들이 가장 유해한 인간들을 위대한 인간들로 간주함으로써—'사소한' 사안들을, 말하자면 삶의 근본적인 사안들 자체를 경멸하라고 가르침으로써 그 토대에서부터 철두철미하게 기만되었다.{니체, 「나는 왜 이렇게 영리한가」, 「이 사람을 보라」 61쪽}

니체로 인해 우리는 이제 건강한 삶이 무엇이며, 살아 있는 삶이 무엇인지를 물을 때, 관찰할 수도 없는 어떤 실재를 탐구하지 않아도 된다. 내가 몸이 아프고, 삶이 힘들고 괴롭다면 신의 뜻을 궁금해하는 대신 내가 요즘 무엇을 먹고 어떻게 잠자고 있는지, 내가 살아가는 공간의 공기가 습하고 막혀 있지는 않은지, 온도는 적절한지를 돌아보면 된다. 신 앞에 무릎을 꿇고 소리 내어 기도하는 한 시간보다 나의 일상에 필요한 이런저런 것들을 구체적으로 돌아보고 바꾸려 애쓰는 한 시간이 더 중요하다. 누군가는 이것을 너무 개인적인 것들이라 비아냥거린다. 하지만 니체는 단호하게 말한다. '이것이 어찌 내 개인의 문제에만 적용되겠는가!'라고. 그렇다! 일상에 대한 관심과 관찰. 이것은 오늘 우리 삶이 관계된 정치와 교육을 포함한 모든 사회문제를 돌아보는 키가 되기에 충분한 권고이다. 이제 우리는 니체의 권고를 받아들여 몸을 중심에 놓고 사유하고 실천할 내용과 방법을 고민하는 것이 맞다. 이런 의미에서 니체는 우리에게 큰 과제를 던져 주고 있다. 인간의 일상적 삶을 소홀히 하는 정치경제학이 우리에게 무슨 의미가 있으며, 그것으로 무엇을 할 수 있을까. 하여, 우리는 이제 정치경제학적 질문 자체를 바꾸어야 한다.

3. 철학적 의사가 되다

니체를 읽다 보면 '이 사람이 도대체 긍정하는 것이 있나?'라는 생각이 든다. 처음 니체의 문장을 접하면 기존에 우리가 알고 있는 모든 것을 부정하는 듯이 읽힌다. 그리고 이것은 사실이다. 그런데 니체는 분명 긍정의 철학자이다. 그것도 '위대한 긍정의 철학자'이다. 니체는 모든 것을 부정하면서 모든 것을 긍정한다. 이러한 사유의 이중성에 대하여 니체는 훗날 이렇게 평하고 있다. "나는 진정한 대립을 최초로 알아냈다──가장 은밀한 복수욕을 가지고 삶에 저항하는 퇴화하는 본능(──그리스도교, 쇼펜하우어의 철학, 어떤 의미에서는 이미 플라톤 철학, 그리고 이상주의 전체가 그 전형적 형태다)과, 충만과 과잉에서 탄생한 최고의 긍정 형식 사이의 대립 말이다. 이때 긍정은 심지어는 고통에 대한, 심지어는 죄악에 대한, 그리고 심지어는 현존재의 모든 의문스럽고도 낯선 것들에 대한 무조건적인 긍정이다. … 이 후자의, 즉 가장 즐겁고도 가장 열광적이면서도 무모해 보이는 삶에 대한 긍정은 최고의 통찰일 뿐만 아니라 진리와 학문에 의해 가장 엄격하게 확인되고 유지되는 가장 심오한 통찰"(니체, 「나는 왜 이렇게 좋은 책을 쓰는가」, 『이 사람을 보라』, 86~87쪽)이었다고 고백한다. 모든 것을 부정하고 동시에 모든 것을 긍정한 이중적 사유 속에서 니체는 "존재하는 것에서 버릴 것은 하나도 없으며, 없어도 좋은 것은 하나도 없다"(니체, 「나는 왜 이렇게 좋은 책들을 쓰는가」, 앞의 책, 87쪽)라는 위대한 사유를 길어 올린다. 이러한 사유를 바탕으로 니체는 『즐거운 지식』에 이르러 자신이 하고자 하는 철학은 '철학적 의사'임을 자임한다.

나는 아직도 철학적인 의사를 기다리고 있다. 아주 예리한 의사를. 사람과 시간과 인종과 인류의 총체적인 건강을 진단할 수 있는 의사, 다음과 같은 제안을 두려워하지 않고 나의 의혹을 끝까지 파헤치기 위하여 용기를 불러일으킬 수 있는 의사를 기다리고 있다. 나의 제안이란, 지금까지 행해진 모든 철학의 목표는 '진리'가 아닌 다른 것 —건강, 미래, 성장, 힘, 생명이라고 할까— 이었다.(니체, 「제 2판을 위한 머리말」, 『즐거운 지식』, 36쪽)

모든 존재에 대한 위대한 긍정! 이를 바탕으로 탄생한 철학적 의사로서의 니체 철학! 이렇게 니체는 단순히 철학하는 노동자가 아닌 인류의 미래 정신을 위대하게 하는 철학적 의사로 탄생한다. 따라서 니체와 함께 사유 훈련을 한다는 것은 우리가 인류의 총체적인 건강의 문제를 진단할 수 있는 무기를 얻는 과정이다. 또한 니체와 함께 사유 훈련을 한다는 것은 이제 우리도 '진리'가 아닌 '위대한 건강', 우리 삶을 고귀하게 할 '미래의 철학', 생명다운 삶을 위한 '힘에의 의지'를 탐구할 수 있게 되어야 한다는 것을 의미한다.

니체는 왜 이렇게 자신을 알고 싶어 했던 것일까? 스스로 죽을 고비를 넘기면서까지 자신을 관찰한 이유는 무엇일까? 한마디로 니체는 자기 자신에게로 돌아가고 싶었던 것이다. 이것을 '자연'이라 해도 좋고 '본성'이라 해도 좋다. 아니면 '자유'라는 말도 어울린다. 니체는 '심리학적 고찰'이라는 자신의 철학적 방법론을 통해 더 깊은 인간의 본성을 보게 되었다.

니체는 하루 여덟 시간 이상을 걷고, 그때 떠오른 생각들을 아포리즘 형식의 글로 썼다. 또 한동안은 책을 볼 수 없을 정도로 아파, 실제로 책을 보지 않았고, 책으로부터 자유로워진 상태에서 침상에 가만히 누워만 있기도 했다. 하지만 니체는 당시를 철학하는 시간으로 기억하고 있으며, 이때 길어 올린 단상들이 지금 우리가 읽고 있는 니체의 글이다. 두 경우 모두에서 니체는 '자기 자신으로의 귀환'이 가능했음을 고백한다.

자기 자신에 대해 아무런 공포를 느끼지 않으며, 자신으로부터 불명예스러운 어떤 것도 예기하지 않는 것. 그러면서 우리 날고 싶은 곳에서 망설임 없이 날 수 있다는 것은 항상 고귀함의 표식이기 때문이다. 우리, 자유의 몸으로 태어난 새들. 우리가 갈 수 있는 곳마다, 우리 주위에는 항상 자유와 햇빛이 있을 것이다.{니체, 「자연의 비방자에게 반대한다」 「즐거운 지식」 244쪽}

우리도 이제 니체의 말에 기대어 자기 자신을 믿어 보자. 그러면 우리에게도 삶에서 쾌감이란 것이 있지 않겠는가? 니체는 "쾌감이 없는 곳에 삶이 있을 수 없다"{니체, 「정당방위」 「인간적인 너무나 인간적인」 85쪽}라고 했다. 니체가 말하는 쾌감이란 우리가 어떤 행위를 할 때 '자신의 힘에 대한 느낌'을 가지는 것을 말한다. 그러니 쾌감을 위한 투쟁은 자신의 '힘에의 의지'를 발현하려는 삶을 위한 투쟁이다. 이 싸움에서 이기기 위해서는 먼저 자기 자신을 믿어야 한다. 자신을 믿지 않는데 어떻게 삶에서 즐거움이 있을 수 있겠는가. 우리를 비춰 줄 햇살은 늘 충분하다. 다만 이 햇살을 받을 내가 스스로 그 빛을 가리고 있는 것이 문제이다.

4장 영원회귀와 다시 찾은 명랑성

1. 나도 이제 명랑하게 살고 싶어!

사람은 누구나 명랑함을 원한다. 특히 인생을 잘 살기 위해 배우고, 일하고, 가정을 일구고, 사회에서 이런저런 역할을 정신없이 해 오다가, 인생을 한 번쯤 되돌아볼 시기가 되는 중년기에는 명랑한 삶에 대한 갈망이 더 간절해진다. 그래서 중년이 되면 약해져 가는 삶의 활력을 찾기 위해 이런저런 운동을 배우고, 악기를 배우고, 등산과 걷기에 빠져 산천을 누리거나 세계를 여행하기도 한다. 좀 과한 사람들은 오토바이도 타고! 또 다른 측면에서 사람들은 봉사활동을 시작하고, 인문학 공부를 시작하고, 때론 깨달음을 준다는 공부 공간에도 용기를 내어 찾아간다. 누구나 하나쯤 해 보았을 활동이다. 이를 통해 다행히 원했던 명랑함을 얻을 수도 있겠지만, 대부분은 일시적인 기분 전환에 만족할 수밖에 없다. 어떤 활동에 재미를 붙이고 몰입할 때는 뭔가 될 듯하지만, 그 활동을 그만두는 순간 원래의 무거움으로 돌아가는 것이 일반적이다. 그래도 인간은 아무것도 하지 않고는 살아갈 수 없는 존재이기에, 뭐라도 해야겠다는 생각으로 어떤 활동을 하는 동안이

나마 누릴 수 있는 평안함에 만족해하면서 이런저런 활동을 이어 간다.

　모두가 명랑함을 원하고 온갖 애를 써보지만 결국 명랑함을 얻지 못하는 이유는 무엇일까? 니체 또한 '반시대적 사유'와 '심리학적 고찰'이라는 방법으로 현대인의 병폐를 극복하려 했지만 스스로 한계를 인지한 그 지점은 무엇일까? 니체 사유의 후반부는 이 과제를 해결하는 데 집중되어 있다.

　이제 『차라투스트라는 이렇게 말했다』의 역사를 이야기하겠다. 이 책의 근본 사상인 영원회귀 사상은 도달될 수 있는 모든 것 중 최고의 긍정 형식이다—1881년 8월에 쓰였다 : 그것은 "인간과 시간을 넘어선 6천 피트"라는 서명과 함께 한 장의 종이 위에 대강 메모되었다. 나는 그날 실바프라나 호수를 따라 숲속을 거닐고 있었다 : 나는 수르레이에서 멀지 않은 곳에 피라미드처럼 우뚝 솟아오른 거대한 바위 앞에 멈춰섰다. 바로 그때 나에게 이 사상이 떠오른 것이다.{니체, 「나는 왜 이렇게 좋은 책을 쓰는가」 『이 사람을 보라』 120쪽}

　니체는 낮에는 매일 산책하고 밤이면 돌아와 그날의 사유를 글로 정리했던 어느 날 '영원회귀'라는 새로운 사유가 떠올랐음을 고백한다. '영원회귀'라는 이 사유는 니체가 '위버멘쉬'와 '힘에의 의지'라는 그의 사유를 풀어 간 결정적인 계기가 된다. 그리고 니체는 스스로 이 깨달음이 '최고의 긍정 형식'이었다고 말한다. 니체는 우리에게 명랑함은 '버킷 리스트'의 완벽한 달성으로 얻어지는 것이 아니라 앎과 삶의 근본이치에 대한 깨달음에서 온다는 점을 가르쳐 주고 있다. 그렇다면 니체의 '영원회귀 사유'라는 것은 무엇이고, 이것은 어떻게 우리에게 명랑성을 회복하게 할 수 있을까?

2. 영원회귀, 극단의 사유와 오늘에 집중하는 힘

1) 내가 변한 딱 그만큼 니체가 읽힌다!

'반시대적 사유'와 '자기 관찰력'만으로도 왜소한 현대인들을 각성시키기에 충분하지 않은가? 그런데도 니체는 왜 현대인들에게 이 어려운 '영원회귀' 사상을 깨달아야 한다고 말하는가? 영원회귀에 대한 깨달음이 없어도 니체는 이미 현대인들이 고민해야 할 충분한 사유를 보여 주지 않았는가? 물론 그럴 수도 있다. 하지만 니체는 자신의 사유의 길을 여기서 멈추지 않았다. 그리고 독자들을 향해서도 분명한 메시지를 전한다. 나도 아직 가야 할 길이 있고, 나를 읽는 너희들도 새로운 과업이 있다고. 우리의 사유 훈련에서 마지막 과업이자, 니체의 극단의 사유인 '영원회귀'에 접근하기 위해 먼저 하이데거의 말에 귀 기울여 보자.

니체의 차라는 어느 누구에게나, 즉 만인에게 향해져 있다. 그러나 어느 누구도 만약 미리 그리고 동시에 자신을 변화시키지 않는다면 그 책을 읽을 권리를 절대로 갖지 못한다. 이는 이 책이 우리가 현재의 상태로 계속 존재한다면 우리들 중 어느 누구를 위한 책도 아니라는 것을 의미한다. 그 책은 '모두를 위한 책이면서 어느 누구를 위한 것도 아닌 책'이며 따라서 [우리가 전혀 변화되지 않은 채로] 곧장 읽을 수도 없고 읽어서도 안 되는 책이다.(하이데거, 『니체Ⅰ』 박찬국 옮김, 길, 2010, 282쪽)

니체를 읽는 우리가 스스로 '반시대적 사유'를 훈련하지 않으면, 『반시대적 고찰』로 대표되는 초기 니체의 글이 읽히지 않는다. 마찬가지로 '자기 관찰력'을 키우지 않으면 『인간적인 너무나 인간적인』으로 대표되는 중기 니체의 글이 읽히지 않는다. '반시대적 사유'와 '자기 관찰력'이 향상되었다 하더라도 니체 사유의 결정체인 『차라투스트라는 이렇게 말했다』(이하 『차라투스트라』)는 쉽게 읽히지 않는다. 하이데거도 이야기하고 있듯이 『차라투스트라』를 읽기 위해서 우리는 특별한 훈련을 해야 한다. 이는 마치 동네 산에 갈 때와 북한산에 갈 때 준비해야 할 장비와 체력이 다르고, 백두대간을 갈 때와 히말라야를 갈 때 준비해야 할 장비와 체력이 다른 것과 같다. 물론 준비해야 할 체력과 장비가 다른 만큼 그 산에 올랐을 때 얻을 수 있는 만족감 또한 다를 것이다. 니체는 『차라투스트라』의 부제로 '모든 사람을 위한, 그리고 그 누구를 위한 것도 아닌 책'이라 명시하고 있다. 이 책은 만인에게 열려 있는 책이지만, 동시에 그 누구의 것도 아니다. 그리고 이 책은 니체의 후기 사유를 대표하는 동시에 니체 사유 전체를 대표하는 책이다. 니체의 초기 사유와 중기 사유에서 강조되는 것이 '반시대적 사유'와 '자기 관찰력'이었다면 후기 니체 혹은 니체 철학 전체를 관통하기 위해서는 반시대성과 자기 관찰력을 넘어 더 본질적인 것이 요구된다. 니체 철학을 관통하기 위해서는 '현대인의 상태'에서는 불가능하다. 현대인의 인식체계로는 니체를 온전히 이해하기가 불가능하다는 말이다. 니체를 온전히 읽기 위해서는 현대를 살아가기 위해 만들어진 내 존재에 변화가 일어나야 한다. 니체를 읽기 전에 존재의 변화가 일어나면 좋고, 최소한 동시에 일어나야 한다. 니체를 읽는다는 것은 내가 현대인의 상태를 벗어난다는 것이고, 이럴 때만이 니체가 말하는 '위버멘쉬'의 길로 나아갈 수 있다. 현대를 살아가기에 적합한 지금의 내 사유와 몸을 가지고는 『차라투스트라』를 읽을 수 없다. 그렇기에 『차라투스트라』는 현대인들에게 쉽게 정복되지 않는다. 내가 변화된 만큼 『차라투스트라』는 읽힐 것이고, 내가 『차라투스트라』를 읽고 쓴 만큼 니체의 철학은 내 삶을 만들어 갈 자양분이 될 것이다.

우리가 무언가를 배우고 깨달아 내 삶을 바꾸고자 할 때, '나라는 존재가 혹은 나의 일상이 변하는 것과 함께 간다!'라는 이 명제는 꼭 니체에게만 해당되는 것은 아니다. 예를 들어 불교 경전의 게송들이나, '주역' 괘들의 경우 우리가 쉽게 다가가 이해하고 우리 삶에 활용하기 어렵다는 것을 잘 안다. "그것을 암송하지 않은 몸에는 그 지혜를 쉽게 허락하지 않는다!"라는 것은 자주 들어 본 말이다. 나의 경우도 마찬가지였다. 내가 『반야심경』을 처음 접했을 때, '주역'을 처음 접했을 때 그것은 책도 글도 아니었다. 그냥 나에게 아무런 느낌을 주지 않는 커다란 통나무나 거대한 바위 같았다. 하지만 왠지 매력이 있었다. 그래서 용기를 내서(사실은 강제적으로) 외우고 또 외우다 보니 지금은 가장 달콤한 즙이 나오는 내 삶의 생명수와 같은 책이자 말이 되었다. 지금 내게 하루 중 가장 귀한 시간은 '주역'의 괘를 외우며 산책하는 시간이다. 그리고 그것은 매일 내 삶의 자양분이 된다.

니체 또한 자신의 글은 '피로 쓴 글'이니, 그냥 읽어서는 알 수가 없을 것이라고 말한다. 그러니 자신의 글도 암송할 것을 권한다. 다행인 것은 니체의 문장들은 리듬이 너무 좋아 자연스럽게 암송하고 싶은 마음이 든다는 것이다. 최소한 100개 정도의 문장을 암송할 수 없다면 니체를 읽었다고 할 수 없다고 말하는 사람들도 있다. 나 역시 이 말에 동의한다. 암송은 지금의 내 존재를 바꾸는 최고의 훈련이다.

2) 오늘에 집중하는 힘

니체를 읽고 쓰면서 니체와 함께하는 변화는 현대인들이 말하는 변화와는 다르다. 현대인들도 정신이 혼란스러울 정도로 많은 변화를 한다. 현대인들만큼 많은 변화를 겪는 사람들도 없다. 하지만 그것은 깨달음으로 가는 길이라기보다는 차라리 깨달음을 방해하는 길이다. 더 나은 삶을 위한다는 명분으로 현대인들은 매일 스스로를 변화시켜 간다. 하지만 그 변화를 거듭할수록 삶은 더 혼란스럽고 무겁고 건강하지 못하고 왜소한 쪽으로 끌려간다. 이 사슬을 끊어 내는 것이 후기 니체 사유의 핵심이었고, 니체는 이 모든 사슬을 끊어 낼 방법으로 '영원회귀'라는 극단의 사유를 발견한 것이다. 이와 관련하여 진은영은 "니체가 고백한 실스마리아에서의 위대한 체험이란 생성을 철저히 긍정함으로써 공포로부터 완전히 해방된 영원성의 체험"{진은영, 『니체, 영원회귀와 차이의 철학』, 그린비, 2007, 79쪽}이었다고 요약한다. 모든 사물의 무조건적이고 무한히 반복되는 순환운동인 '영원회귀'에 관한 니체의 설은 존재자에 대한 다른 설들과 나란히 존재하는 하나의 설에 불과한 것이 아니다. 그것은 플라톤적-그리스도교적 사유 방식과 근대에서의 그것들의 여파와 변질과의 가장 혹독한 대결에서 자라난 것이다.{하이데거, 『니체 I』, 253쪽} 그렇다! 니체에게 영원회귀 사상은 다른 명제들에서 도출되거나 추론된 것이 아니다. 그에게 영원회귀는 또 하나의 가설이나 이론이 추가된 것도 아니다. 그것은 니체에게 어느 날 갑자기 다가와 존재 자체를 뒤흔든 것이었다.

니체는 존재의 본질이자 변화의 최종 근거인 '힘에의 의지'라는 것으로 존재하는 모든 것을 설명하려 했다. 그러면서도 정작 존재하는 것의 총체인 '우주가 어떻게 생겼으며 어떻게 운행되는가'를 설명할 길이 없었다. 그러던 어느 날 니체는 극적인 체험을 하게 된다. 우주가 열리면서 그동안 감추어 온 존재와 운행의 비밀을 일순간에 드러낸 것이다. 순간 모든 것이 명료해졌다.

영원회귀 사유를 따라가기 위해 앞서 인용한 실바프라나에서의 깨달음에 대한 니체의 선언적 발언도 중요하지만, 영원회귀 사유가 무엇이고 그것은 어떻게 활용되어야 하는가와 관련된 논의를 위해서는 『즐거운 지식』 341절 '최대의 무게(중량)'라는 제목의 아포리즘을 꼼꼼히 음미해 볼 필요가 있다. 물론 암송이 제일 좋다. 실제로 니체 세미나에서 이 부분을 암송하기도 했다. 암송에 성공한 사람들의 반응이 흥미롭다. "그동안 영원회귀를 설명하는 강의를 여러 번 듣고 글도 읽었지만, 이 구절을 직접 암송하는 것보다 더 니체의 영원회귀 사유를 분명하게 설명하는 것은 없었다!"(2018년 니체 세미나에 참석한 어느 한 학인의 말) 모두 전문을 한번 암송해 볼 것을 권하면서, 일부 중략하여 인용한다.

어느 날 혹은 어느 밤, 한 악마가 가장 적막한 고독 속에 잠겨 있는 네 뒤로 살그머니 다가와 다음과 같이 네게 말한다면 너는 어떻게 할 것인가! "네가 현재 살고 있고 지금까지 살아온 생을 다시 한 번, 나아가 수없이 몇 번이고 되살아야만 한다. 거기에는 무엇 하나 새로운 것은 없을 것이다. 일체의 고통과

기쁨, 일체의 사념과 탄식, 너의 생애의 일일이 열거키 어려운 크고 작은 일들이 다시금 되풀이되어야 한다. 모조리 그대로의 순서로 되돌아오는 것이다." (……) 이러한 사상이 너를 지배한다면 그는 현재 있는 그대로의 너를 변화시킬 것이며 아마도 분쇄해 버릴 것이다. 그리고 모든 일 하나하나에 관해서 행해지는 "너는 이것이 다시 한 번, 또는 수없이 계속 반복되기를 원하느냐?"라는 질문은 가장 무거운 무게로 너의 행위 위에 가로 놓일 것이다! 아니면 이 최종적이요 영원한 확인과 봉인(封印) 그 이상의 어떤 것도 원하지 않기 위해 너는 얼마만큼 너 자신과 인생을 사랑해야 할 것인가!(니체, 「최대의 무게(중량)」『즐거운 지식』 284~285쪽)

악령은 우리에게 다가와 속삭인다. "너는 이 삶을 반복해서 살기를 원하는가"라고. 이 질문에 대해 어떻게 답할 수 있을까? 아마 대부분 싫다고 할 것이다. 왜냐하면 현대인에게 삶이란 '오늘보다 나은 내일!'이라는 희망을 전제하고 있기 때문이다. 예를 들어 학교 공부를 열심히 해서 좋은 대학에 가고, 좋은 직업을 갖고, 좋은 배우자를 얻어 가정을 일구고, 더 많은 부와 명예를 갖기 위해 달려가는 사람들에게 지금 이 괴로운 일상이 영원히 반복된다고 말해 보라! 직장 생활을 하고, 돈을 모으고, 주식과 부동산을 사서 안정된 삶을 꿈꾸는 사람들에게 지금의 이 삶이 영원히 반복될 것이라고 말해 보라. 아마도 이들에게 맞아 죽을지도 모른다. 이들은 오늘은 잠시 스쳐 지나가는 정거장과 같은 것이고, 이 정거장을 지나가기만 하면 편안하고 안정되고 남보다 잘난 무엇인가가 기다리고 있다고 생각한다. 이들은 이 믿음으로 오늘의 괴로움을 하루하루 견뎌 나간다. 이들에게는 과거도 현재도 중요하지 않다. 오직 이들에게는 오늘보다 더 나은 미래만이 있다. 하지만 기대했던 더 나은 미래는 찾아오지 않는다. 니체가 망치로 깨부수려 했던 고리는 바로 이것이다. 니체의 우주관이라고 할 수 있는 '영원회귀'하는 세상에서는 애초에 과거도 현재도 미래도 없다. 오로지 순간 혹은 현재만이 있다.

니체는 어느 날 이 악령을 '내게 가장 신성한 이야기를 들려주는 신'으로 받아들이는 것이 가능함을 체험했다. 그리고 이 체험으로 인해 자신을 변화시키고 분쇄시킬 수 있었다고 고백한다. 이렇게 니체의 영원회귀 사상은 현재의 삶에 집중하지 못하게 만드는 모든 목적론을 해체한다. 생성을 긍정하고 니힐리즘을 극복하려는 니체 철학은 어떤 종류의 목적론도 거부한다. 영원회귀의 '영원'은, 영원한 것은 인간이 아니라 생성이라는 점을 환기시킨다. 생성을 통해 영원성을 파악하는 사유는 불멸성을 추구하는 인간적 지평을 지워 버린다. 우리는 생성의 영원성을 받아들임으로써 더이상 가상적인 불멸성의 욕구에 호소할 필요가 없게 된다. 바로 이 순간, 우리는 진정으로 니힐리즘을 극복한다.(진은영, '니체, 영원회귀와 차이의 철학』 70쪽) 누군가는 또 물을 것이다. "이것이 어떻게 가능한가?"라고. 그리고 "나와 나의 삶을 어떻게 만들어 가야만 이 위대한 깨달음과 긍정의 삶이 가능한가?"라고. 그리고 이 질문에 대한 답을 주지 못하는 시대를 탓하며 '냉소' 아니면 삶에 대한 '회의'를 품은 채 살아간다.

하지만 니체는 이런 사람들을 향해 분명히 말한다. "자신의 삶을 사랑하라고!" 우리가 번역 없이 자주 말하는 "아모르 파티!"를 가르친다. 이것이 최종적이고 영원한 회귀 앞에서 우리가 이제 삶을 어떻게 받아들여야 할 것인가에 대한 니체의 답이다. 그것은 영원회귀하는 엄중한 현실 앞에서 오늘의 삶을 어떻게 만들어 갈 것인가의 문제에 집중된다. 영원회귀에 대한 깨달음은 오늘을 살아 내는 일에 집중하는 힘을 가지는 것이다. 삶은 지나간 과거도 아니고, 다가올 미래도 아니다. 삶은 오늘이라는 순간이며, 이 순간 속에 과거도 미래도 함께 작동한다. 니체는 '순간이라는 말뚝'의 비유를 통해 우리 삶을 구성하는 과거, 현재, 미래를 통찰하고 있다. 들뢰즈의 표현대로 니체의 순간 개념은 "지나가기 위해서 현재인 동시에 지나갔어야만 하고, 현재인 동시에 도래해야만 할 것이다. 현재는 지나간 것으로 또 도래할 것으로 자신과 더불어 공존해야만 한다. 순간과 다른 순간들의 관계를 기초 짓는 것은 바로 순간과 현재, 지나간 것, 도래할 것으로서 자신과의 종합적 관계이다."(들뢰즈, 『니체와 철학』 이경신 옮김, 민음사, 2013, 100쪽) 이렇듯 니체에게는 과거도 현재도 미래도 그것이 별도의 어떤 실체로 있는 것이 아니다. 삶이란 내가 세상을 어떻게 인식하는가에 따라 모든 것이 다시 구성된다. 그것이 앎이고 또 삶이다. 이를 깨달을 때, 우리의 삶은 변화하고, 그 변화는 생성이 되며, 그 생성은 각자의 삶을 늘 생생하게 하는 명랑성을 회복하게 해 준다.

3. 변신을 위한 용기, 결단, 그리고 다시 찾은 명랑성

모든 것이 되돌아온다는 '영원회귀'는 시작의 세계로 다시 돌아 가는다는 냉소적인 환원론도 아니고, 이 생이 끝나면 천국 혹은 이 상세계와 같은 새로운 세계가 시작된다는 목적론적 세계관도 아 니다. 니체의 사유는 이런 냉소적인 환원론과 목적론적인 세계관 을 철저히 파괴한다. 니체에게 '영원회귀'하는 순간이란 과거는 현재의 순간에서 반복되는 듯하지만, 이 반복은 이미 새로운 차 이로서 반복될 뿐임을 말하고자 하는 사상이다.

하지만 니체 또한 '영원회귀'하는 세상에서 순간에 집중하는 사유와 삶을 깨닫는 일이 쉽지는 않았다. 그래서 니체는 이 깨달 음을 위해 먼저 '용기'를 말한다. 특히 그는 공격적인 용기는 '더 없이 뛰어난 살해자'라 말하고 있다.

나는 손으로 뱀을 잡아당기고 또 잡아당겼다. 소용없었다! 아무리 잡아당겨도 뱀은 목구멍에서 나오지 않았다. 그때 내 안에서 "물어뜯어라! 물어뜯어라!"라고 외치는 소리가 들렸다.

"대가리를 물어라! 물어뜯어라!" 이렇게 내 안에서 그 무엇이 외쳤다. 나의 공포, 나의 증오, 나의 구역질, 나의 연민, 내게 있는 좋고 나쁜 것이 한꺼번에 내 안에서 소리를 질렀다.{니체, 「환영과 수수께끼에 대하여」『차라투스트라는 이렇게 말했다』, 이진우 옮김, 휴머니스트, 2021, 288쪽}

이 순간 니체가 깨달은 것은 무엇일까? 세상이 영원회귀한다는 것은 삶에서 겪는 사건들이 내가 원한다고 나타나는 것도 아니며 내가 원하지 않는다고 나타나지 않는 것도 아님을 알아차리는 것이다. 이것이 삶이라는 것을 깨달을 때, 즉 삶은 모든 것이 순간적인 우연들의 연속이라는 것을 알아차릴 때 우리가 그 삶을 긍정하면서 받아들일 수 있는 순간이 온다는 것이다. 그러기 위해서는 어떤 결단의 순간이 필요하다. 우리는 '삶이 이게 아니다!'라는 생각이 들면 이것저것 새로운 시도를 많이 한다. 이런저런 버킷 리스트를 만들어 하나씩 지워 간다. 그러면 삶에서 어떤 큰 만족이라도 있을 듯이! 하지만 대부분 소용이 없는 경우가 많다. 잠시 삶에 대한 만족감이 생기는 듯하지만, 또 다른 리스트가 기다리고 있거나 왜소하고 냉소적인 과거의 습관이 다시 찾아와 나를 괴롭힌다. 그래서 니체는 어떤 결단의 순간이 필요함을 '대가리를 물어뜯어 버려라!'는 말로 대변하고 있다.

니체를 읽으면서 나에게도 이런 순간이 다가왔다. 그때 나의 지난 과거를 다시 돌아보게 되었다. 그동안 '나'라고 생각했던 모든 것들! 예를 들면 막내로 태어나 형제들에 비해 유복했던 나의 어린 시절! 공부 좀 하고, 겉모습 멀쩡하고, 키가 크고, 운동도 좀 했다는 나의 학창 시절! 반면 고등학교 시절 몸이 아파 대학진학에 실패했고 재수 끝에 겨우 지방 대학에 갔다는 이유로 한동안 나를 따라다녔던 학력 콤플렉스! 반면 또 대학원에 진학하면서 이때 만난 인연으로 우리가 세상의 교육을 다 책임질 듯이 했던 순간들! 직장 생활을 하는 동안 '승승장구'한다는 평을 받았던 기억들! 그리고 직장 생활에서의 우여곡절과 남들보다 10년 정도 일찍 그 생활을 정리하게 된 과정! 이것들을 기억하고 있는 한 내 삶은 여전히 무거울 수밖에 없었다. 그것이 영광의 순간이든 실패의 순간이든. 하지만 니체가 내게로 훅 들어온 순간부터 이 모든 것이 어느 순간 나에게 해체되어 가는 느낌이 있었다. 때로는 전율하고, 때로는 증오하고, 때로는 역겨움에 잠을 설쳤던 순간들이다. 하지만 니체를 읽고 또 읽고, 이렇게 글을 쓰는 어느 순간 그 모든 것이 내게서 해체되고 그 모든 것이 다른 의미로 다가오는 순간이 있었다.

하여 나는 이제 말할 수 있다. 나는 이제 변신 중이며, 나는 이제 다시 웃을 수 있게 되었다고. 그리고 그 웃음은 과거 내가 웃었던 그 어떤 웃음보다 크고 통쾌한 웃음이라고! 이 웃음은 과거의 나를 다 날려 버렸고, 내게 새로운 명랑함으로 오늘을 사는 힘을 주고 있다. 이제 나는 변신이 낯설지 않다. 나는 니체가 있었기에 나를 감싸고 있던 모든 것을 물어뜯을 수 있었으며, 지금의 나로 변신할 수 있었고, 지금까지 단 한 번도 웃어 본 적이 없는 웃음을 나의 저 깊은 곳에서 크게 웃으며 오늘 이 글,『니체 사용설명서』를 쓸 수 있게 되었다.

4. 내 안의 디오니소스를 찾아서

니체는 이제 내 생의 대변자이다. 니체를 만나면서 나는 과거 내가 의지했던 앎의 체계를 버렸다. 이제 나의 공부와 삶을 위해 새로운 대변자를 설정한다. 바로 니체! 니체도 말하지 않았는가!

나, 차라투스트라, 삶의 대변자, 고통의 대변자, 둥근 고리의 대변자인 내가 그대를 부른다. 그대, 나의 더없이 깊은 심연의 사상을 부른다.{니체,「치유되고 있는 자」『차라투스트라는 이렇게 말했다』 387쪽}

그렇다! 니체로 인해 나는 지금까지 단 한 번도 가 본 적이 없는 '심연의 세계'로 한 걸음씩 나아가고 있다. 이 발걸음이 나를 내 삶의 주인으로 이끌어 줄 것이라고 믿으며! 이와 관련하여 특히 요즘 내가 탐구하고 의지하고 있는 점은 그의 '힘에의 의지'와 관련된 사유이다. '힘'(Macht)은 헤라클레이토스의 불처럼 하나이면서 다수적인 질료들의 차이에 대한 니체식의 표현이다. '의지'는 다수적인 힘들이 서로 관계를 맺으며 새로운 다수의 힘들을 산출하는 과정을 끊임없이 가능하게 하는 차이의 운동을 표현하기 위한 것이다. 그리고 차이와 차이의 운동이 만들어 내는 끊임없는 생산, 혹은 생성을 포착하려는 사유가 바로 영원회귀이다. 이 점에서 '힘에의 의지'와 '영원회귀'는 동일한 목적을 갖는다.(진은영, 『니체, 영원회귀와 차이의 철학』 70쪽)

나를 존재케 하고, 또 나를 생성케 하는 힘에의 의지! 그것의 다른 이름은 '디오니소스'이다. 그리고 나의 이 디오니소스적인 힘은, "삶의 가장 낯설고 가장 가혹한 문제들에 직면해서도 삶 자체를 긍정한다 ; 자신의 최고 모습의 희생을 감수하면서도 자신의 고유한 무한성에서 환희를 느끼는 삶에의 의지──나는 이것을 디오니소스적이라고 불렀다. (……) 공포와 동정을 넘어서 생성의 영원한 즐거움 자체가 되기 위해서다."(니체, 「나는 왜 이렇게 좋은 책을 쓰는가」 『이 사람을 보라』 88쪽) 니체에게 삶을 긍정한다는 것은 바로 이런 것이다. 그에게 삶의 명랑성을 회복했다는 것 또한 이런 것이다. 그의 철학은 기존의 모든 것을 거부한 니힐리즘으로 불리기도 한다. 하지만 니체의 니힐리즘은 부정을 위한 거부가 아니다. 오히려 니체의 니힐리즘은 디오니소스적이라 할 만큼, 그의 부정은 긍정을 내포하고 있다. 니체는 세상과 인간의 민낯을 본 딱 그만큼, 세상과 인간의 모습을 긍정하게 한다. 그리고 그 긍정의 힘은 다른 데에 있는 것이 아니다. 그것은 철저히 자기 안에 디오니소스적 힘의 형태로 있다. 이제 우리가 니체를 읽어야 할 지점은 이

곳이다. 니체는 자신에게서 넘치는 힘을 발견했고, 한층 더 명랑해졌다.

> 암울하면서도 막중한 일을 하는 와중에도 시종일관 명랑한 기분을 유지하는 것은 결코 대수롭지 않은 일이 아니다. 그런데 명랑한 기분보다 더 필요한 것이 있을까? 호기로운 정신에 차서 일하지 않는다면 어떤 일도 제대로 이루어 낼 수 없다. 힘이 과잉으로 넘치는 상태만이 힘이 존재한다는 사실에 대한 증거가 될 수 있다.(니체, 「저자 서문」, 『우상의 황혼』, 박찬국 옮김, 아카넷, 2021, 7쪽)

돌아보면 세상에 대한 의무감으로 공부하고 일했던 나의 지난 과거는 나에게도 세상에도 좋지 않았다. 그렇다고 마냥 내가 좋다는 이유로 순수하게 공부만 하는 것은 현실적으로 가능하지 않은 일이다. 그런 순수한 것은 원래 없다. 사람은 누구나 나에게도 주변의 사람들에게도 책임 있는 일을 할 수밖에 없다. 존재 자체가 타인에 대한 책임이다. 중요한 것은 그 책임을 '명랑함'을 유지하면서 할 수 있는가, 그렇지 못한가에 있다. '명랑한 인간-되기!' 니체가 말했듯이 내 삶의 활기를 위해 이보다 더 필수적인 것은 없다. 그리고 명랑함에는 약간의 들뜸과 넘침 혹은 '호기로움'이 있다. 음식도 맛있게 되기 전, 부글부글 끓을 때 약간의 들뜸과 넘침이 있듯이. 다만 이를 잘 조절하는 것이 필요하다. 니체를 신나게 공부하다 보면 주변에서 "샘 요즘 좀 들떠 있는 것 같아요~"라고 놀리는 사람들이 있다. 그럴 때마다 '내가 그런가!?' 하고 다시 나를 돌아보게 되고, 조심하고 있다. 하지만 그것이 이상한 길로 가지 않고, 내가 '명랑한 인간'으로 가는 길이 되기를 바라는 마음은 늘 간절하다. 다행히 니체는 이런 내게 어디에 집중해야 하는지도 가르쳐 주었다.

> 이 비밀도 삶 자체가 내게 말해 주었다. "보라, 나는 언제나 자기 자신을 극복해야 하는 그 무엇이다." (……) 오직 삶이 있는 곳, 그곳에 또한 의지가 있다. 그러나 그것은 삶에의 의지가 아니라 권력에의 의지라고 나는 그대에게 가르친다!(니체, 「자기극복에 대하여」, 『차라투스트라는 이렇게 말했다』 211~212쪽)

나는 '생명'이다. 내가 생명이라면 나는 끊임없이 나 자신을 극복해야 한다. 지금의 공부를 시작한 후, 가끔 '들뜸'과 '넘치는 힘' 혹은 '호기로움'이 감지되기도 했다. 예전과는 다르게 인식한 세계에서 다른 일상을 살고 있기에 가능한 일이다. 사실 나는 이쯤에서 세상일은 그만두고 '그냥 혼자 조용히 살아갈까?'라는 생각을 많이 했다. 그런데 최근 공부를 하는 과정에서 생각이 달라졌다. 니체가 말했듯이 "세계에는 많은 것이 악취를 풍긴다는 말에는 지혜가 들어 있다. 구역질 자체가 날개를 만들어 내며 샘의 원천을 알아내는 힘을 만들어 낸다! 최선의 자에게도 구역질 나게 하는 무언가가 있다. 그리고 최선의 자도 극복되어야 할 어떤 것이다. 아! 나의 형제들이여, 세계에는 많은 오물이 있다는 말에는 많은 지혜가 담겨 있다!"{니체, 「낡은 서판(書板)과 새로운 서판에 대하여」, 앞의 책, 368쪽} 이제 나는 역겨움이 사라진 그 자리에 '새로운 과업을 품고 다시 사람 속으로 가고 싶다는 욕망'이 생겼다. 심지어 과거 문을 꽝 닫고 나온 곳에서도 다시 뭔가 할 수도 있겠다는 생각까지 든다. 이것은 어디에서 온 것일까? 나에게 과거와는 다른 '인식체계'가 만들어졌기에 가능한 일이다. '영원회귀'와 '힘에의 의지'라는 새로운 인식체계가! 이것은 예전에 내가 붙들고 있었던 '근대'라는 인식틀이 아니다. 나는 이제 새로운 인식체계 속에서 '생성하고 변화하는 존재'가 되었다. 이렇게 새로운 세계를 만났으니, 내 삶에서 새로운 많은 것이 가능해졌다.

이 시점에서 나의 삶을 다시 복기해 보자. 거기에는 물론 다른 해석이 따라온다. 과거 내가 하려고 했던 일은 실패했다. 니체식으로 말하면 나는 반쯤 실패한 사람이었다. 그래서 일은 다 그만두고 싶었다. 하지만 이런 내게 니체는 말한다.

그대들이 실패했고 절반만 성공했다 하더라도 무엇이 이상한가, 그대들 반쯤 파멸한 자들이여! 그대들 속에서 거세게 밀치며 다가오지 않는가, 인간의 미래가?

인간의 가장 멀고 가장 깊고 별처럼 가장 높은 것, 인간의 무시무시한 힘. 이 모든 것이 그대들의 항아리 속에서 서로 부딪치며 거품을 내고 있지 않은가?

많은 항아리가 부서진다 해도 무엇이 이상한가! 마땅히 웃어야 하는 방식으로 그대들 자신에 대해 비웃는 법을 배워라! 그대들 우월한 인간들이여, 아, 얼마나 많은 일이 아직도 가능한가!(니체, 「우월한 인간에 대하여」 『차라투스트라는 이렇게 말했다』 514~515쪽)

나는 실패하고 파멸했지만 그 사이에 나도 모르게 많은 귀한 것이 성취되었다. 그것은 "자그마하고 좋고 완전한 사물들이, 잘 완성된 것"이다. 니체는 말한다. "그대들 주위에 자그마하고 좋고 완전한 사물들을 놓아두어라, 그대들 우월한 인간들이여!"(니체, 「우월한 인간에 대하여」 앞의 책, 514~515쪽) 이러한 것들이 내 삶의 새로운 서판이다. 나는 이제 내 삶의 낡은 서판을 뒤로하고, 이 새로운 서판을 위해 이렇게 읽고 쓰고 있다.

하지만 나는 또 실패를 거듭할지도 모른다. 그러나 이제 나는 그로 인해 역겨움을 느끼거나 무거워지지 않을 것이다. 왜냐하면 내가 앞으로 하게 될 '시도와 물음'은 과거의 성공과 실패라는 인식의 틀에 있지 않기 때문이다. 내가 앞으로 행하는 활동은 '영원회귀'하는 공간에서 나라는 한 사람이 '힘에의 의지'를 발현하는 그 이상도 이하도 아니다. 이제 내가 해야 할 일은 '생성하고 변화하는 이 순간'의 일에 집중하는 것뿐이다. 이 과정에서 마지막으로 기억해야 할 것이 있다면, 이것은 혼자서는 안 된다는 것이다. 니체가 깨달은 '영원회귀'와 '힘에의 의지'가 작동하는 세상의 이치를 깨닫고 이 지혜에 온전히 의지해야 한다. 의지하는 만큼, 인식하는 만큼 나에게 힘이 생긴다.

과거 나는 '사회적 실천'을 위한 공부를 했고, 또 그렇게 살았다. 예를 들어 '좀더 세련된 제도', '좀더 평등한 기회', '좀더 공적인 가치의 실현'을 위한 공부를 했고 이를 위한 실천을 했다. 니체의 비유에 따르면 '낙타', 혹은 '사자'와 같은 삶이었다. 하지만 이제 나는 '지혜의 실천'을 위한 공부와 삶을 살고자 한다. 내가 니체를 만나지 못했다면, 나는 여전히 제도를 붙들고 씨름하고 있었을 것이다. 니체를 만난 이후 나는 더이상 제도를 붙들고 있을 생각이 없다. 니체의 말은 나를 다른 길로 가게 했다. 니체는 내게 이렇게 말한다. 그동안 너의 공부와 노력에는 '자기 극복'이 없었다. 너는 언제나 너의 '정의로움'을 앞세워 남을 탓하고, 제도를 바꾸면 된다고 생각했다. 아니다! 나는 일찍이 그러한 너의 '정의로움'이 얼마나 궁핍하고, 추하며, 가엾기 짝이 없는 자기만족인지를 알고 있었다. 특히 너는 제도를 앞세워 스스로를 작열하는 불꽃이자 숯으로 생각하고 있었지 않느냐? 그렇다! 하마터면 나는 작열하는 불꽃이자 숯으로 살다가, 딱딱하고 남을 재단하기 좋아하는 존재로 삶을 마감할 뻔했다. 다행히 나는 니체의 가르침에 나를 올려놓고 있다. 이 과정에서 나의 말, 생각, 행동, 나아가 나라는 존재 자체가 '위버멘쉬'의 길로 하나하나 변해 갈 것이라 믿는다.

이를 실천하는 차원에서 나는 요즘 '니체'와 '불교'를 함께 공부하고 있다. 과거 나의 공부와 일이 제도를 바꾸려는 전사의 길이었다면, 지금 나의 공부와 일은 '공부 보살의 길'이라 부를 수 있겠다는 생각이 든다. 보살은 혼자서 삼매에 드는 것이 아니다. 또한 과거 우리가 그랬듯이 '우리만 옳다'라는 의도치 않은 고상함도 깨달음과는 거리가 멀다. 보살은 불력(佛力)에 의해서만 삼매에 드는 것이고, 니체에 따르면 '영원회귀'가 아닌 다른 갇힌 세계에서는 절대 '위버멘쉬'가 될 수 없다. 따라서 "우리가 자기 힘으로 자기 세계의 선정에 드는 것은 결과가 처음부터 뻔하다. 자기 생각으로는 유원·광대한 듯이 보이는 경우에도 결국 그 근본이 자아 관념에 뿌리박고 있는 한, 그것은 좁고 열등한 선정이며 이른바 유루정(有漏定; 번뇌를 포함하는 선정)에 틀림없다. 『화엄경』의 선정은 그렇지 않아서, 스스로 삼매에 들면서도 그것은 비로자나불에 의지하고 있다. 즉 우리는 스스로의 삼매를 통해 비로자나불의 삼매에 접하고 그 삼매에 동화될 수가 있다. 바꾸어 말하면 스스로의 삼매는 우주 그것의 삼매에 접하고 우주 그것의 삼매에 동화되는 것이다. 거기서는 자기 혼자 선정에 들어 있는 것이 아니라, 우주 그것이 선정인 것이며 삼라만상이 좌선하고 있는 것이다."{다마키 고시로, 『화엄경』 이원섭 옮김, 현암사, 2015, 26~27쪽} 그러니 우리는 '나'라는 상(相), 혹은 나라는 '주체', 혹은 나와 세상에 대한 '목적론'을 버리고, '영원회귀'하는 세상, 혹은 '연기'로 이루어진 세상의 변화와 생성의 흐름 속에서 일상을 살아야 한다.

이 과정과 함께 나는 앞으로 틱낫한 스님이 『법화경』의 보살을 통해 깨달음을 얻은 것과 마찬가지로 '존재의 질을 높이면서 명랑하게 살아가기!'를 실천할 것이다.

"우리도 이 세상에서의 여행을 즐기는 법을 배워야 합니다. 이 방법을 터득하면 우리 삶을 꼭 해야 할 숙제로 생각하지 않고 마음 편히 즐길 수 있습니다. 계획을 세우거나 서두를 필요가 없습니다. 그저 즐기는 마음으로 자신의 역할과 맡은 일을 해내면 됩니다. 결과에 연연할 필요가 없습니다. 일정 수준의 성공이나 성과를 이뤄야 한다는 부담감에서 벗어나 자유롭고 기쁜 마음으로…."{틱낫한, 『내 손 안에 부처의 손이 있네』 김순미 옮김, 예담, 2017, 196~197쪽}

어떻게 사는 것이 가장 잘 살아가는가를 멋지게 표현한 글이다. 말 그대로 이제 우리는 '영원회귀'하는, 혹은 '연기'(緣起)로 이루어진 이 세상에서, '목적'이니 '의무'니 하는 세상에 대한 부담감 없이, 뭔가 성취해야 한다는 스스로에 대한 부채 의식도 없이 살아가면 된다. 이것이 내가 니체와 불교를 통해 배운 삶의 지혜이다. 그리고 그 지혜는 나를 명랑하게 한다. 영원회귀에 대한 깨달음과 함께 나는 다시 명랑성을 회복 중이다. 나를 키워 세상의 모든 것을 품을 수 있을 만큼 넉넉한 존재가 되는 것이 내가 공부를 하는 이유이며, 과거 나에게 역겨움을 불러일으켰던 그 어떤 것도 이제는 나를 생성시키고 변화시키는 힘이 될 수 있다고 믿는다.

2부

니체 쓰기[用] : 실험으로 존재하는 우리

1장 재미없는 남자로 살다

1. 나는 왜 이렇게 재미없는 남자가 되었을까

대략 5년 전, 남산강학원에서 글쓰기 공부를 시작한 첫 프로그램에서 같은 조의 한 학인이 내게 뜬금없이 "선생님은 왜 그렇게 재미가 없으세요?"라고 말했다. 그때는 특별히 대응할 필요를 못 느꼈고, 속으로 '공부하는 데 와서 무슨 재미 타령?'이라 생각하며, 그냥 웃으며 넘어갔다. 그러나 이 말은 늘 나를 떠나지 않았다. 그후 5년의 세월이 흘렀고, 남산강학원과 감이당을 오가며 나름 재미있게 공부했다. 하지만 나는 여전히 '재미없는 남자'라는 말을 듣고 있다. 나는 왜, 그리고 언제까지 이 말을 들어야 하나? 한 번씩 답답했다. 그리고 최근에는 나의 이 '재미없음'을 해결하지 못하면 그동안 재미있게 해왔던 공부는 더이상 진척이 없을 수도 있으며, 그렇게 되면 결국은 지금의 공부를 그만두어야 할지도 모른다는 생각까지 하게 되었다. 그동안 이렇게 답답했지만 답을 찾지 못했던 나에게 니체는 이렇게 말을 걸어온다.

우리는 어떤 인간의 많은 미덕을 '선'이라 부르는데, 그것은 그 사람 자신에게 미치는 작용에 관해서가 아니라 오히려 그러한 개인의 미덕이 우리 자신 및 사회에 대하여 미치는 작용을 예상하면서 이르는 말이리라. (……) 미덕에 대한 찬미는 대부분 개인에게 유해한 것에 대한 찬미이다. 인간으로부터 그 가장 고귀한 자애와 자신을 보호할 수 있는 최상의 자주적 능력을 앗아가는 충동에 대한 찬미인 것이다.(니체, 「무사(無私), 사심 없음을 주장하는 사람들에게」 『즐거운 지식』 84~85쪽)

나는 어릴 때부터 '선하다'는 말을 자주 들었다. 집과 학교에서 늘 그래야 한다고 배웠고, 주변의 다른 아이들에 비해 이런 말을 좀더 자주 들었던 것으로 기억한다. 그리고 이 평판은 집안의 어른들과 학교 선생님들의 자랑거리였고, 내심 스스로도 이런 평판을 좋아했다. 그리고 나는 이 평판을 지속시키기 위해 나름 애썼다. 가끔 마음속에 부글부글 끓어오르는 것이 없었던 것은 아니었지만, 이것은 당연히 억눌러야 하는 것으로 배웠다. 나는 그렇게 순순히 주변의 평판을 받아들였고, 때론 그 평판을 즐기면서 살았다. 사람은 역시 선한 것이 제일 좋다고 생각하면서, 나도 남도 모두 그렇게 배우고 살아가는 것이 옳다고 믿었다.

그런데 니체는 이런 나에게 그동안 내가 생각해 오던 것과는 전혀 다르게 말한다. 지금까지 사람들이 나를 '선하다'고 부른 것이 나를 위한 것이 아니었고, 이 말은 내가 믿었듯이 내게 그렇게 좋은 것이 아니었다. 오히려 나를 '선하다!'라고 불렀던 것은 나에게 미치는 영향 때문이 아니라, 나를 그렇게 부른 그들에게 미치는 영향 때문이었다. 그렇다면 나는 뭐지? 그동안 나를 칭찬했던 많은 선생님들과 어른들은 나에게 무슨 일을 한 것이지? 나는 이들에게서 '선하게 사는 것'이 내가 한평생 살아가면서 배우고 실천해야 할 가장 중요한 덕으로 배웠고, 나름 그렇게 살려고 애썼다. 그런데 니체에 따르면 그동안 내가 자주 들었던 '선하다!'는 칭송은 나에게 해로운 것이었고, 심지어 나의 최상의 능력을 빼앗아 가는 것이었다! 도대체 칭찬이 왜 나쁜 것이고, 내게서 어떤 것을 빼앗아 간다는 말인가? 그동안 내가 받은 칭찬으로 인해 나는 무엇을 잃고 무엇을 얻었단 말인가? 니체는 말한다.

> 얼마나 자주 보아 왔던 방식인가. 무조건적인 근면은 확실히 부나 명예를 가져다 주지만 그와 동시에 감각의 예민성—그것에 의해서만 부나 명예를 누릴 수 있는—을 앗아 간다는 사실을. 또 권태나 정열에 대한 특효약은 동시에 감각을 둔화시켜 정신을 새로운 자극에 대해 반항적으로 만들어 버린다는 사실을.(니체, 「무사(無私), 사심 없음을 주장하는 사람들에게」 앞의 책, 86쪽)

'선하다'라는 칭찬을 많이 받고 자란 사람들. 이러한 칭찬 아래에서 근면하게 살아온 사람들. 이들은 결국 어떤 삶으로 귀결

되었나? 예전에 내가 들은 칭찬 중에 이런 것도 있다. "쟤는 믿을 만하고 늘 성실하다!", "그래서 쟤는 뭘 맡겨도 믿을 수 있어!" 나는 선하다는 말을 자주 들음과 함께 늘 근면하고 성실하게 살려 했다. 그 근면과 성실이 지금의 나를 만들었을 것이다. 그 결과 나는 먹고살 만한 약간의 부와 세상의 호의적인 평판을 얻었다. 그러면 된 것 아닌가?

그런데 니체는 내가 누리는 약간의 부와 세상의 칭찬은 나의 몸에서 '섬세함'을 다 빼앗긴 대가라고 말한다. 실제로 우리들 대부분은 근면과 성실이라는 '도덕'으로 길러지는 동안, 그리고 이렇게 길러진 도덕을 믿고 살아가는 동안, 스스로 주변의 자극에 대한 감각이 무뎌지고 정신까지 완고하게 된다. 그동안 내가 노력해 이룬 부와 명예가 있다면 그것들은 내 삶을 위해 지혜롭게 활용되어야 한다. 이를 위해서는 나와 내 주변의 삶을 관찰할 수 있는 섬세한 감각을 가져야 한다. 하지만 삶에 대한 섬세함이 있어야 할 자리에 '그동안 나는 가족과 사회를 위해 헌신했다!'라는 이상한 자긍심이 가득 차 있다. 나뿐만 아니라, 주변에서 쉽게 관찰할 수 있는 사례들이다. 이는 가정에서, 학교에서, 직장에서, 한평생 선하고, 성실하며, 칭찬받았던 사람들에게서 더욱 쉽게 관찰할 수 있다. 착하고 성실하게 살았던 중년들이 갑자기 자신의 삶에 대해 허전해하는 이유도 여기에 있지 않을까?

이렇게 갑작스런 허무함을 느낀 중년들은 "그동안 나는 너무 세상과 가족들을 위해 살았어, 이제 내 삶을 찾아야지!"라는 각오를 한다. 그리고 친구들도 다시 찾고, 등산도 자주 가고, 악기도 배우고, 시골에 가서 농사도 짓고, 산에서 버섯도 키우고, 때론 인문학 공부도 하고, 때론 글쓰기도 하고, 특히 끝까지 성실한 사람들은 에세이집 한 권 정도는 내고 등등. 그런데 이렇게 하면 그동안 잃어버렸던 나를 다시 찾을 수 있을까? 니체의 답은? 한마디로 '아니다'. 이러한 활동을 한다고 재미없게 무뎌진 나를 찾을 수 없다. 잠시 활력을 찾는 듯하지만, 결국은 예전의 나로 다시 돌아가 버린다. 대부분의 중년들이 겪는 삶의 패턴이다. 그후 이어지는 체념. "세상은 원래 다 이런 거지!", "사는 게 뭐 별거 있나!", "이제 다 내려놓고 절에나 다니면서 봉사나 해야지" 등등으로 결론 난다. 이렇게 우리는 선하게 길러진 삶에서, 자신이 주도하는 삶으로 잠깐, 그러다 다시 체념하는 삶으로 '왔다 갔다' 하는 인생을 살아간다. 아님 평생 남에 의해 길러진 삶으로 마감하든가. 이것이 니체의 눈에 관찰된 현대인들의 삶의 모습이다. 우리들 대부분은 이렇게 너무나 가족적으로, 학교적으로, 사회적으로, 국가적으로, 글로벌하게 생각하고 실천하는 것을 배웠다. 이것이 지금껏 내가 살아온 길이었고, 재미없는 남자가 된 과정이었다.

니체는 현대인들이 살아가는 삶의 과정을 자기 삶에 대한 섬세함을 키워 가는 과정이라기보다 오히려 그것을 잃어 가는 과정으로 읽고 있다. 우리 또한 세상에서 잘 배우고 잘 살아갈수록 자기 자신에 대한 섬세함과 주변에 대한 섬세함은 그만큼 무뎌져 가는 경우를 자주 본다. 하지만 모두가 바라는 것이겠지만 나 또한 이렇게 삶을 마감하고 싶지는 않다. 특히 나의 이 '재미없음' 때문에 지난 5년 동안 나름 재미있게 해 온 공부를 여기서 멈추고 싶지도 않다. 다행히 니체를 통해 나의 이 '재미없음'의 원인을 이제 알았으니, 앞으로 남은 일은 이를 하나씩 스스로 치료해 가는 것이다. 하여 당분간 니체를 읽고 쓰며, 내 몸에서 빼앗긴 삶에 대한 섬세한 감각을 회복하고자 한다. 니체와 함께한다면, 나의 이 지긋지긋한 '재미없음'이 조금은 해결될 것이라 기대하며!

2. 나의 냉소주의를 고백합니다

어쩌다 보니 나는 공부를 오래 한 사람이 되었다. 대학원에 진학하여 박사까지 되었으니 나의 공부 이력은 나름 길다. 대학원 과정 7년을 보내는 동안 내 삶의 모든 일상은 학교가 중심이었고, 무엇보다 이 과정이 재미있었다. 당연히 정해진 과정은 잘 완수했다. 이에 덧붙여 전공 내에서 때론 전공을 넘나들며 이런저런 세미나도 열심히 했고 학회 참석도 열심이었다. 내 공부를 완성할 수 있다면 무엇이든 다 했다. 이 과정에서 연구실에 들어온 예쁜(?) 후배와 연애도 했고, 결혼도 했으며, 아이도 낳고 기르며 지금까지 잘 살아왔으니 내 인생에서 많은 걸 얻었다. 또 주변 사람들에게 '쟤들은 별나다'라는 소리를 들으면서까지 선후배들과 현장의 다양한 실천가들과 함께 학교 밖에 연구소도 만들어 운영했다. 이 과정에서 배운 것이 지금 내 삶에서 쓸모가 있든 없든 그 힘으로 20년 이상을 살았다. 그러니 내 인생 전체로 보아 이 시절을 통해 많은 것을 얻었기에 과거의 내 공부와 일을 후회하고 싶은 마음은 없다. 그러나 꼭 한 가지 고백하고 싶은 것이 있다. 이

고백을 하는 이유는 내가 니체를 읽고 쓰는 과정에서 극복하고 싶은 것이 있어서이다. 그것은 글쓰기와 관련된 나의 냉소적 태도와 관련된 문제이다.

대학원 공부에서 쓰는 과정은 매우 중요하다. 나의 경우 글쓰기가 기본인 인문학은 아니었지만, 그렇다고 글쓰기의 중요성이 다를 바는 없었다. 대학원 공부도 결국에는 논문이나 책이라는 형식의 결과물이 있어야 하니 글쓰기는 최종적으로 넘어야 하는 관문이다. 그런데 나는 그때 이런 말을 자주 하고 다녔다. '다른 사람들이 보지도 않는 논문 뭐 하려고 자꾸 써?', '조잡한 글이나 책을 쓰는 것보다 잘 쓴 글이나 잘 쓴 책 한 권 사 주는 것이 더 좋지 않아?', 심지어 '라면 받침으로 쓰일 책을 왜 또 써?' 등등. 이런 말은 당시 함께 공부했던 사람들에게도 먹혔다. 나만의 생각은 아니었고, 당시 우리들은 이런 태도를 겸손이라는 말로 포장하기도 했다. 내심 우리들만은 글을 함부로 쓰지 않겠다는 생각을 가지고 있었고, 이를 겸손이라 생각했다. 하지만 이런 어투에 숨겨져 있었던 글쓰기에 대한 나의 태도가 진정 겸손이었을까? 니체의 말을 빌리면 그것은 '어리석은 겸손'이었다.

세상에는 결코 진귀하다 할 수 없는, 어리석은 겸손이라 일컬어지는 것이 있다. 이것에 매달리는 자는, 인식의 사도로서의 자격을 완전히 잃어버린다. 결국 이런 종류의 인간은 무언가 변화된 것을 지각하는 순간에 우회함으로써 독백에 빠진다. 이것은 오해이다. 무심하게 있어서는 안 된다! 이런 것에 진리가 있을 리 없다! 그리하여 지금이야말로 다시 한번 더욱 깊은 맛을 보거나 들어 보거나 하는 대신에, 그들은 겁에 질린 채 색다른 것으로부터 도피하여, 그것을 될 수 있으면 빨리 머릿속에서 쫓아내려고 한다.(니체, 「인식의 부적합성」, 『즐거운 지식』 93쪽)

당시 나의 관심은 어디에 있었던 것일까? 나의 관심은 내가 보기에 세상의 영욕을 빨리 누리기 위한 욕심으로 부실한 공부와 글쓰기를 하는 주변의 다른 사람들과의 비교에서 약간의 우위를 차지하는 데 있었다. 이 알량한 비교 우위는 나를 이상한 만족감에 빠지게 했다. 공부란 걸 했던 내가 왜 변화하는 새로운 세상과 변화하는 새로운 인간을 향해 있지 못했을까? 그리고 그것을 왜 글로 표현하려 하지 않았을까? 지금에 와서야 깨달은 바이지만 많이 후회가 되는 지점이다. 공부란 원래 새로운 어떤 것을 발견하고 창조하는 것이고, 내가 공부를 했다면 새로운 어떤 것을 찾을 수 있는 예민한 눈과 귀를 가지기 위해 애를 써야 했다. 특히 글쓰기는 이러한 공부의 마지막 관문이지 않은가! 글쓰기를 피하고서 세상을 인식하고 표현하는 것은 그것을 미루고 피한 만큼 한계가 있기 마련이다. 그렇다면 그때 나는 글쓰기라는 낯선 도전에 대해서도 그것을 외면할 것이 아니라, 더 적극적으로 다가

갔어야 했다. 그런데, 당시 나는 이 마지막 관문을 애써 외면했다. 글쓰기라는 마지막 난관 앞에서 겁을 집어먹고 달아났던 것이다. 글쓰기에 대한 나의 태도는 새로운 공부를 시작한 지금도 마찬가지다. 새로운 공부를 시작한 지 5년, 나는 지금의 공부가 좋다는 말을 늘 입에 달고 다니면서도 또 이런 말을 하고 있었다. "이렇게 좋은 책들이 많고, 이것을 다 읽기에도 시간과 힘이 부족한데, 내가 무슨 글을 쓰고 책을 써!", "고전은 내가 잘 읽어 주는 것으로 충분해!", "자칫하면 내(네) 글이 고전을 망쳐!" 등등. 이렇듯 글쓰기에 대한 나의 태도는 과거와 별로 달라진 것이 없었다. 다만 과거에는 노골적으로 이런 투의 말을 했다면, 지금은 감이당과 남산강학원에서 나의 냉소에 걸리지 않는 글쓰기를 하시는 분들이 있어 이런저런 말들을 속으로만 하고 있을 뿐이었다.

이상은 내가 어리석은 겸손을 미덕으로 삼았던 시절의 이야기와 그것의 잔상이 남아 있는 현재 나의 모습이다. 과거 나는 글쓰기에 관해 겸손을 빙자한 냉소에 빠져 있었다. 당시 나는 '세상에 대한 흐릿한 인식', '명료하지 못한 분석력', '글을 쓸 지적인 민감성'이 부족했었던 것이다. 그 이상도 이하도 아니었다. 이런 나의 상태를 알고 공부란 나의 결함을 개선해 나가는 것이니, 나의 결함을 하나하나 고쳐 나갔다면, 나는 지금까지 이 어리석은 겸손과 냉소에 빠져 살지 않았을 것이다. 하지만 나는 그러지 못했고, 그 결과 나는 지금까지 낡은 진리를 찾는 데 머물러 있었다.

이런 나의 상태를 니체는 이렇게 표현하고 있다.

> 사물에 관한 통례(通例)의 견해와 배치되는 어느 것이든, 나는 보아야겠다! 이러한 내가 새로운 진리를 발견하는 것이 가능할까? 낡은 진리라도 많이 있었으면 좋겠다.{니체, 「인식의 부적합성」 「즐거운 지식」 93쪽}

니체의 말대로 과거 나는 나를 뺀 세상의 객관적인 진리가 있다고 믿었다. 과거 나의 공부는 그것을 찾아내는 것이었고, 그 과정에서 내가 수고는 많이 했지만 나 스스로를 진리의 구도자라 생각하지는 못했다. 그러니 과거의 나는 남들이 이미 써 놓은 낡은 진리를 찾아다닐 수밖에 없었다. 이에 대해 나는 약간의 염증을 느끼고 있었고 이 염증에 대한 반응이 어리석은 겸손과 냉소로 이어졌다. 그리고 이러한 어리석음과 냉소는 나로 하여금 공부의 마지막 관문인 글쓰기를 넘어서지 못하게 했다.

하지만 나는 이제 니체를 통해 새로운 공부의 길을 열어 가고 있고, 그 과정에서 글쓰기에 대한 태도를 바꿀 수 있는 니체의 말 한마디를 찾았다. "학문은 또한 '위대한 고통을 초래한 자'에 의해 발견되는 것일지도 모른다."{니체, 「학문의 목표에 대해서」 앞의 책, 77쪽} 그렇다! 그것이 세상에 대한 인식이 깨지면서 오는 고통이든, 아니면 이제 막 시작한 자기 수련으로서의 글쓰기에서 오는 고통이든, 니체는 인간의 인식과 표현은 그 자체가 고통임을 말한다. 그리고 니체는 이 고통에 대한 처방을 말한다──"'고통'에 대한 처방은, '고통'인 셈이다."(니체, 「고통의 지식」, 『즐거운 지식』 108쪽) 나는 니체의 이 처방을 기꺼이 받았다. 나는 이제 과거와 달리 '글쓰기로 내가 바뀐다!'라는 말에 동의한다. 글쓰기는 나에게 다가오는 새로운 상황을 직면하게 만들 것이다. 글쓰기는 나의 지적인 민감성을 키워 줄 것이다. 글쓰기는 나와 세상을 예민하게 보고 듣는 눈과 귀가 될 것이다. 하여, 나의 글쓰기는 나를 더이상 냉소적인 인간이 아닌 일상을 생성하면서 살아가는 인간으로 변화시킬 것이다.

3. 파리채와 같은 존재로 삶을 마감할 뻔하다

과거와는 다른 공부를 시작한 초반, 나를 많이 당황스럽게 한 것들이 있다. 하나는 그래도 공부라는 것을 했던 내가 '니체'를 전혀 읽을 수 없었다는 것이고, 다른 하나는 『반야심경』 암송 과제를 완수하기 위해 유튜브에 있는 2분 49초짜리 송광사 젊은 스님들의 집단 독송을 한동안은 끝까지 들을 수 없었다는 점이다. 당시 나는 니체를 읽을 수 없는 몸이 되어 있었고, 부처님의 말씀을 전혀 들을 수 없는 몸이 되어 있었다. 나는 "학자들의 집을 나왔고, 나오면서 등 뒤로 그 문을 쾅 하고 닫아"(니체, 「학자들에 대하여」, 『차라투스트라는 이렇게 말했다』, 230쪽) 버렸지만, 당시 나의 몸은 니체와 불교의 지혜를 만날 수 있는 신체가 아니었다. 나는 왜 이런 몸이 되었을까?

집과 학교에서 '남자'는 달라야 하지 않겠느냐는 말을 자주 듣고 자랐다. 늘 가족의 울타리 안에서 살았고, 학교도 참 오래 다녔으니 내 몸에 '남자'라는 말은 오랜 세월 누적되어 새겨져 있는 셈이다. 여기에 덧붙여 대학 이후의 공부에서 나는 또 한 번의 강한 세례를 받았다. 배움이란 세상을 위한 것이라는 가르침이다.

나는 이렇게 '배운 남자'가 되었고, '배운 남자'로서 '사회적 실천'을 위한 공부와 일을 하려 애썼다. 사람이 살기에 '좀더 세련된 제도'를 만들기 위한 공부와 실천이 중요했지, 나 하나 먹고사는 것과 관련된 사적인 이해관계 같은 것에는 민감하지 않았다. 한때는 그 삶이 참 좋았다. 나는 기꺼이 짐을 지고자 했고, 때론 '전투력'을 발휘하기도 했다.

그러던 어느 날 갑자기 '역겨움'이 몰려왔고, 그와 비슷한 시기에 나름 헌신했던 공부와 삶의 장에서 튕겨져 나왔다. 그리고 몇 년을 이런저런 곳에서 다른 일과 다른 공부를 하면서 살았다. 때론 시민운동단체에서, 때론 대학 연구소에서, 때론 감이당과 남산강학원에서. 하지만 역겨움은 쉽게 사라지지 않았다.

하지만 최근 이를 대하는 나의 생각에 조금 달라진 점이 있다. '역겨움!' 그것은 니체의 '임신' 비유에서 알 수 있듯이 '내 안에 뭔가 새로운 것이 생기고 있다는 증거였구나!'라는 생각이다. 이제 과거와 달리 '역겨움'이 나에게 오래 머물러 있으면서 나를 짓누르지는 않는다. 대신 최근 나는 니체와 불교의 가르침에 따라 나의 말, 행동, 생각을 하나씩 바꾸는 중이다. 니체가 읽히는 몸이 된 나에게 최근 다가온 문장 하나! 니체는 남자들의 세상을 늙은 여인네들의 비유를 통해 비판하고 있다. 니체는 이 장에서 여인을 이야기하는 것 같지만 사실은 남자들이 만들어 온 세상을 비판하고 있다.

표면의 여자는 심성이며, 얕은 물 위에서 격렬하게 요동치는 살갗이다.

그러나 남자의 심성은 깊다. 그 흐름은 땅 아래 동굴 속으로 촬촬거리며 흘러간다. 여자는 남자의 이런 힘을 어렴풋이 느끼기는 해도 이해하지는 못한다.{니체, 「늙은 여자와 젊은 여자에 대하여」『차라투스트라는 이렇게 말했다』 124~125쪽}

니체에게 (젊은) 여인은 생산이 가능한 존재이며, 이들은 생산을 위해서 자기에게 복종하고 자기에게 명령하는 존재이다. '표면' 혹은 '살갗'은 한 순간도 쉬지 않고 끊임없이 생동하며 생성과 파괴를 반복하는 세계의 모습에 대한 비유이다. 우리가 살아가는 세계가 이러하기에 여인은 생성하고 변화하는 것을 위해 어떤 깊이를 찾아내고, 표면을 통하지 않고는 깊이를 드러낼 수 없기에, 있는 그대로를 보고 느끼려 애쓴다.

하지만 사내들은 그렇지 못하다. 이들은 별것도 없으면서 괜히 깊이 있는 척만 한다. 그저 짐작만 할 뿐 이해할 수는 없는, 땅 밑에서 울리는 소리들을 듣고자 온갖 애를 다 쓰는 '배운 남자들'. 사내들이 '깊은 심정'이라고 말하지만 여인네들에게 이것은 짐작만 갈 뿐, 이해할 수 없는 영역이다. 젊은 여인들은 아마 이렇게 말할 것이다. "저들은 왜 저러고 살까?"

『반야심경』을 암송한 것은 니체를 공부하고 있었던 나에게 하나의 전환점이 되었다. 『반야심경』을 외우기는커녕 3분을 듣고 있을 수도 없었던 내가 260자 한역 『반야심경』을 외우는 과정에서 약간의 변화가 생겼다. 도올 선생의 표현을 빌리면 "나는 ×도 아니다"라는 생각을 하게 되었다. 대승경전의 핵심은 『반야심경』과 『금강경』에 있다. 도올 선생은 그 내용을 이렇게 요약한다.

> 불타나 예수나, 그들의 역사적 인간으로서의 위대성은 단 하나! "아상"(我相)을 지니지 않았다. "지혜의 완성", "지혜의 배를 타고 피안으로 고해를 건너가는 과정"이라는 것은 바로 아상(我相)을 죽이는 것이다. '벼락'으로 깨는 것은 '집착하고 있는 대상'이 아니고, '나'를 깨는 것이다. 그것이 대승의 보살 사상의 핵심이다.(김용옥, 『스무살 반야심경에 미치다』 통나무, 2019, 191~195쪽)

나중에 들은 이야기이지만, 당시 내가 속해 있었던 집단은 "가까이에서 보니 함께하고 싶고, 또 함께해야 할 것 같아 그 내부로 들어가고 싶었다. 하지만 당신네들 내부로 들어가 함께한다는 것은 참 어려웠다"라는 말을 들었다. 우리는 의도하지 않았지만, 상당히 배타적이었다. 우리는 누구와도 함께해야 하고 또 할 수 있다고 말은 했지만, 실상은 그렇지 못했던 것이다. 그만큼 우리는 우리들만의 상(相)을 강하게 가지고 있었던 것이다. 우리들 스스로 '뭔가 해야 한다'라고 설정한 명분에 집중하다 보니, 주변을 세심히 살피면서 변화를 민감하게 보는 감각을 잃고 말았다.

감이당의 공부 과정에서 나에게 큰 각성이 있었다. 그것은 '자칫 파리채와 같은 존재로 삶을 마감할 뻔했다'는 깨우침이다. '배운 남자'들의 힘으로 하려 했던 '제도 개선'이 지금 어떤 꼴인가?를 돌아보게 됐다. 내가 했던 일은 '대학입학제도'를 바꾸는 일이었다. 해마다 '대학입학제도'를 개선하려는 논의가 반복된다. 한쪽이 힘을 가지면 '△△찬스'로 대표되는 기득권층들에게 절대적으로 유리한 제도가 운영된다. 한때 내 귀에 참으로 거슬렸던 말이 있다. "누가 누구를 어느 자리에 꽂아 줬다"는 말이다. '△△찬스'를 잘 활용했다는 말일 것이다. 반면 다른 한쪽이 힘을 가지면 있지도 않고, 있을 수도 없는 '평등주의'를 내세워 그동안 쌓인 상대적 박탈감에 복수하려 한다. 하나의 제도를 놓고 각자의 이해관계에 따라 이렇게 저렇게 뒤집고 있다.

무한 반복되는 제도 개선의 실패. 이것을 어떻게 봐야 할까? 내가 현장에 없어서? 아니다. 내가 현장에 있거나 없거나 별 차이가 없다. 물론 분투는 했겠지만. 나보다 더 많이 배운 남자들, 또 나보다 전투력이 더 센 남자들이 만들어 가는 세상에서 이기기 어려웠을 것이다. 나의 분투가 계속되었다면, 나의 무기는 파리채에서 총으로, 총에서 대포로 변했을 가능성은 있다. 하지만 아무리 파괴력 있는 무기를 내가 가졌다 한들. 그것의 용도는 시장터의 파리를 잡는 일에 쓰일 수밖에 없다. 이런 무한 반복은 나와 같은 사람들에게만 해당하는 문제는 아니다. '사법제도 개선' 같은 다른 제도도 내가 그 내용을 다 알 순 없지만 아마 비슷한 수준에서 이루어질 것이다. 지금 우리가 보고 있듯이! 이렇듯 문제는 '제도'에 있지 않다. 뿐만 아니라, 그 문제의 해결은 더이상 '배운 남자'들에게 맡길 수 없다. 니체는 말한다.

> 그들에 맞서 다시 손을 들어 올리지 마라! 그들은 헤아릴 수 없이 많고, 파리채가 되는 것이 그대의 운명은 아니다.(니체, 「시장터의 파리들에 대하여」『차라투스트라는 이렇게 말했다』 96쪽)

니체는 문제의 핵심을 다르게 보았고, 당연히 그 해결책도 다르게 찾는다. 니체는 조그마한 힘을 가졌다고 자기 먹을 것을 우선 챙기는 인간들을 당연히 용서하지 않았을 것이다. 뿐만 아니라, 니체는 "이런 평등의 설교자들과 섞이거나 혼동되고 싶지 않다"고 말하면서, "인간은 평등하지 않다", "인간은 평등해져서도 안 된다!"(니체, 「타란툴라에 대하여」 앞의 책, 185쪽)고 말한다. 왜냐하면, 사람은 극복되어야 할 존재이기 때문이다.

니체는 26세라는 젊은 나이에 촉망받는 대학교수로 임용되었다. 하지만 그는 일찍이 대학이 주도하는 근대 학문의 왜소함을 알게 된다. 그후 그는 10년간의 대학교수 생활을 접고, 지금 우리가 읽고 있는 '철학자, 니체'의 삶을 살게 된다. 지금의 우리가 읽고 있는 니체는 '대학교수, 니체'가 아닌, '방랑자, 니체'가 사유하고 쓴 글이다. 부처도 마찬가지다. 지금 우리가 만나는 부처는 왕궁에 있는 부처님의 말씀이 아니다. 수행과 탁발의 과정에서 깨달은 부처님의 말씀이 지금 우리에게 지혜로 다가오고 있는 것이다. 니체도 부처도 안정되게 주어진 틀 안에서는 자신의 사유도 삶도 글도 불가능했을 것이다. 그러니 지금 자신의 안식처에서 나오는 것을 두려워하지 말자! 니체도 말하지 않았는가! "먼저, 그대 자신의 오두막에 불을 질러라!"(니체, 「자기 자신을 믿는 일」 『인간적인 너무나 인간적인』 594쪽) 라고.

4. '도덕적 요설(수다)'은 이제 그만!

사람은 누구나 말을 하고 싶어 한다. 그런데 중요한 것은 자신의 말을 해야 한다는 것이다. 왜냐하면 말은 곧 그 사람이고, 다른 사람과의 소통일 뿐만 아니라, 그 사람의 존재감을 나타내는 핵심이기 때문이다. 가정이든, 학교든, 사회조직이든 오고가는 말이 건강하면 거기에 속해 있는 사람들의 일상 또한 건강하다고 생각해도 된다. 그래서 나를 돌아볼 때도 내가 하는 말을 먼저 살피게 되고, 주변의 다른 사람들을 관찰할 때도 그 사람의 말을 귀담아 들어 보려 한다. 사람에게 말은 그 사람, 혹은 그가 속한 조직의 건강함을 재는 척도라 해도 되지 않을까. 이런 맥락에서 우리가 숙고해 보아야 할 몇 가지 대화 장면이 떠오른다.

<장면 1> 아들 : 아빠, 나 시골 할아버지 집에 안 갈래.

아빠 : 왜?

아들 : 할아버진 자꾸 뭘 가르치시려고 해.

<장면 2> 아빠 : 넌 왜 그렇게 말이 없니? 그렇게 해서 학교생

활은 잘 하는지 모르겠네.

아들 : 아닌데. 나 학교 가면 말 많이 해. 친구들하고는.

<장면 3> (몇 년 만에 만난 자리. 서로 인사를 주고받고, 안부를 물은 후 이어지는 대화.)

선배 혹은 스승 : 우리 때는 말이야~(일이면 일, 일상이면 일상, 그 무엇에 대해서든 언제나 대화를 주도한다.)

후배 혹은 제자들 : 네~네~(선배 혹은 스승의 말에 고개를 끄덕이며 듣고 있다. 그리고 모두 동의[?]하고 또 존경[?]하는 분위기.)

〈장면 1〉에서 할아버지가 손자의 장래를 걱정하는 마음은 간절했을 것이다. 손자 역시 할아버지의 마음을 몰랐다고는 생각하지 않는다. 할아버지의 정이 느껴지니까! 그럼에도 왜 손자는 할아버지 집에 가고 싶지 않다고 말하는 것일까. 〈장면 2〉에서 아빠는 자식의 학교생활이 궁금했을 것이다. 공부는 잘하는지, 친구들은 잘 사귀는지, 선생님의 말씀은 잘 듣고 있는지, 학교 급식은 맛이 있는지 등등. 근데 아들은 학교생활에 대해 통 말을 하지 않는다. 아빠는 이놈이 혹시 학교에서도 이러고 살지는 않는지, 걱정이 된다. 그래서 넌지시 말을 걸어 본 결과, 아들의 답은 의외다. "아빠~, 난 엄마, 아빠, 선생님과 이야기할 때와 친구들이랑 이야기할 때는 달라", "나만 그런 게 아니고, 친구들이 다 그래", "나 친구랑 셋이서 장기 자랑에 나가서 박수 치면서 '감사합니다

~'도 했어." 웃기기도 했고, 약간은 당황스럽기도 했다. 내 아들이 남들 앞에서 이런 짓(?)도 하다니! 〈장면 3〉은 지금도 가끔 경험하는 장면들이다. 특히 주로 예전에 함께 공부했거나 일했던 사람들의 모임에서 흔히 볼 수 있는 일이다. 그런데 그 자리에 참석한 사람들은 그 분 앞이나 바로 옆 자리에 앉기를 주저한다. 다만 술을 주고받을 때만 사람들이 잠시 왔다 갈 뿐!

이 대화들의 공통점은 무엇일까? 보다시피, 대화를 시작하는 사람, 혹은 그 대화를 주도하는 사람의 마음과는 달리 상대는 마음을 열지 않고 있다. 이들은 그 대화가 지속되고 반복되는 것을 싫어하며, 가급적 그 대화에 깊이 참여하지 않으려 한다. 한마디로 주고받는 말은 많지만 정작 소통은 되지 않는 상황! 때론 난감하기도 하고, 때론 답답하기도 하다. 중요한 건 말을 통해 소중한 사람들과 돈독해지기는커녕 자칫 멀어지거나 부담스러운 관계가 될 수도 있다는 점이다. 이 문제를 어떻게 풀어 가야 할까? 하여, 니체가 진단한 '도덕적 요설(수다)'로 이 장면들이 가지는 문제는 무엇인지 알아 보고 극복 방안도 함께 찾아보자.

피차 서로끼리 하는 도덕적 요설(수다)에 관해서는 구토가 일어날 뿐이다! 도덕적 판단에 참가하는 것은 너의 취미에 반하는 것이어야 한다. 얼마 동안 과거를 질질 끌어갈 수밖에 달리 아무것도 할 수 없는 사람, 자기 자신 결코 현재에 산 적이 없는 사람들—그것도 많은, 아주 많은 수의 사람들—에게 그러한 요설(수다)과 악취미를 맡겨라.〈니체, 「물리학이여 영원하라」, 『즐거운 지식』 276~277쪽〉

손자의 장래를 생각하는 할아버지의 간절한 마음도, 아들의 일상이 몹시 궁금했던 아빠의 마음도, 후배 혹은 제자들을 독려해 주고 싶었던 선배 혹은 스승의 마음도 잘 전달되지 않았다. 손자를 생각함에 있어 할아버지의 마음만큼 사심 없이 애틋한 마음이 어디에 있으며, 자식을 생각함에 있어 아빠의 정만큼 깊은 정이 또 어디 있겠는가? 물론 각종 사회 조직의 선배, 혹은 학교에서의 스승과 제자의 관계도 마찬가지이다. 이들만큼 서로가 서로에게 호의적인 관계를 맺을 수 있는 경우도 드물지 않은가? 하지만 니체는 냉정하게 말한다. 여기서 상상해 볼 수 있는 대화의 패턴은 그것이 무엇이든 '과거를 질질 끌어갈 수밖에 달리 아무것도 할 수 없는 사람, 자기 자신 결코 현재에 산 적이 없는 사람들'일 뿐이라고. 요즘 말로 하면 이들은 "라떼"를 연발하는 사람들이다. 자신이 살아 보니 안타깝고, 후회스러운 과거를 너희들은 되풀이하지 않았으면 하는 마음의 표현이라고 그들은 자신 있게 말할 것이다. 하지만 니체의 눈에 그것은 자신의 시대를 연장하려는 '도덕적 요설'에 지나지 않는다. 이를 알지 못하고 당신이 앞서 언급했던 장면에서 볼 수 있는 방식으로 말하기를 고집한다면 당신은 이제 '말 많은 아저씨 혹은 노인네'를 넘어 '꼰대'로 전락하고 말 것이다.

그렇다면 우리는 입을 다물어야 하나? 아니다. 니체는 이런 '도덕적 요설'은 변화하는 현재의 삶을 보려 하지 않는 사람들에게 넘겨주라고 말한다. 대신 "우리는 우리 있는 그대로의 사람이 되고자 원한다. 새로운 인간, 일회적인 인간, 비교할 수 없는 인간, 자율적인 인간, 자기창조적인 인간!"(니체, 「물리학이여 영원하라」, 『즐거운 지식』, 277쪽)이 되어야 한다고 말한다. 그러기 위해서는 그동안 대화 상대들에게 향했던 나의 마음을 먼저 돌아볼 필요가 있다. 이들을 위한다는 나의 마음이 과연 청정했던가? 니체는 이들을 위한다는 명분에는 각자에게 익숙한, 혹은 각자가 이상으로 그리는 시대를 조금이라도 연장하려는 마음이 혹 없었는지를 돌아보라고 말한다. 그렇다! 우리는 이들을 위한다는 명분에 눈이 멀어, 현재 나의 변화를 민감하게 보는 감각을 잃어버렸다. 그럼에도 불구하고 나의 이 무뎌진 감각에서 나온 말들을 고집한다면 그 말은 장마철 습기 많은 공기처럼 칙칙한 것이 될 것이다.

그러니 이제 나의 말로 다른 사람을 바꾸려는 마음은 그만두자. 대신 오늘 나의 삶에서 새롭게 일어나고 있는 변화를 보고, 그것을 표현할 새로운 말을 하나씩 만들어 보자. 우리가 공부를 하는 이유가 어디에 있는가? 거기에는 '나의 변화'가 아닌 '남의 변화'에 방점이 찍혀서는 안 된다. 나의 공부가 손자와 아들과 후배와 제자를 바꾸는 것은 불가능하다. 그들은 그들의 공부를 통해 바뀌면 된다. 나의 공부는 나를 바꾸는 것으로 충분하다. 말이 곧 그 사람이라면 나는 나의 삶을 창조하는 말을 할 수 있어야 한다. 내가 내 삶을 창조적으로 만들어 가지 못하면, 나에게서 새로운 말은 나오지 않는다. 세상은 결코 현재의 자신을 연장하려는 사람에게 말을 걸어오지 않는다. 세상은 새로운 말을 하는 사람에게 귀를 기울이고 말을 걸어온다.

2장 '철학하기'를 배우다

1. 창조적인 삶, 새로운 이름 붙이기에서 시작된다

삶의 무덤이 된 학교와 가족

삶은 생생(生生)한 것, 즉 창조적인 것이다. 그런데 이 삶이 많이 훼손되었다. 특히 학교와 가정에서의 관계가 삶을 크게 훼손하고 있다. 학교에서 교사와 학생의 관계와 가정에서 부모와 자식의 관계가 너무 힘들다고 아우성이다. 학교가 힘들어 떠나는 아이뿐만 아니라, 학교가 힘들어 떠나는 교사들도 많다. '근대 학교'와 '근대 가족'이란 것의 태생이 원래 창조적인 것과는 거리가 먼 것이었으니 이곳으로부터 빨리 탈출하는 것이 생생하고 창조적인 삶을 위해 더 낫다고 말하고 싶을 정도이다. 한마디로 학교와 가정이 삶의 무덤이 되어 버린 것이다. 학교와 가정은 정말 답이 없는 곳인가? 학교와 가정에서 하루 빨리 도망치는 것이 최상의 방법인가? 그럴 수도 있다. 하지만 나는 이 말에 쉽게 동의할 수 없다. 학교라는 곳이 어떻게 불리든 간에 우리 삶에서 배움의 공간 없이 창조적인 삶이란 있을 수 없다. 마찬가지로 가정이라는 곳이 어떻게 불리든 간에 생명의 탄생과 양육의 공간 없이 생생(生生)하는 삶은 가능하지 않다. 학교와 가정은 생각처럼 쉽게 버리거나 떠날 수 있는 곳이 아니다. 그렇다면 이 공간을 창조적인 삶의 공간으로 만들 수는 없을까?

'학교'라는 실재도 '가정'이라는 실재도 없다

니체가 스스로를 리얼리스트(실재론자)라 외치는 사람들을 비판한 지점을 통해, 삶의 무덤이 되어 버린 학교와 가정을 다시 '창조적인 삶의 공간'으로 만들어 갈 수 있는 길을 찾아보자.

정열이나 공상행위에 대해 갑옷을 입은 것 같은 기분으로 있으며, 자기의 공허함을 아무튼 자랑하거나 꾸미거나 하고 싶어 하는, 너희 냉담한 사람들아! 너희는 스스로 리얼리스트(실재론자)라 칭하면서, 이 세계는 너희의 눈에 비치는 꼭 그대로의 것이라고 암시한다. 너희 앞에서만 현실은 베일을 벗으며, 너희 자신은 아마 그 현실의 최선의 부분이라고.〈니체, 「리얼리스트(실재론자)들에게」 『즐거운 지식』 117쪽〉

니체가 진단하는 현대인들은 스스로에게서 끓어오르는 정열과 환상을 억누르는 냉철한 인간들이다. 현대인들은 '큰 이성'(신체 이성)은 경멸하면서 자신들의 '작은 이성'(도구적 이성)으로 그릴 수 있는 세계를 '실재'라 믿고 있다. 그리고 자신들이 이러한 실재를 가장 잘 실현하고 있는 존재라 생각한다. 자신을 최고라고 억지로 믿고 있는 현대인들은 스스로 공허함을 느낄 수밖에 없으며, 이 공허함을 채우기 위해 학교와 가정에서 자신의 자랑거리와 장신구를 만들어 내고 있다. 이들은 자신들이 설정해 놓은 목표 달성을 위해 어떠한 희생도 감수한다. 아이들의 성적 향상을 위해서는 아동과 청소년기의 다른 특성들은 기꺼이 무시할 수 있고, '가족 삼각형'의 완성을 위해서는 우리 가족 이외의 그 어떠한 것도 여기에 끼어들 수 없다. 내 가족만큼은 그 어떤 것도 결핍되어서는 안 된다. 그리고 각자의 역할은 완벽하게 실천되어야 한다. 학교는 공부 잘하고 문제 일으키지 않는 아이들로 가득 차 있어야 한다. 가정은 그 어떤 면에서든 만능이고 유능한 아빠, 아이 잘 키우는 엄마(요즘은 돈도 벌면서), 공부 잘하고 착하고 말 잘 듣고 무럭무럭 잘 자라는 아이들만이 있어야 하는 공간이다. 이러한 요건들을 충족하면 이들은 자랑거리이고 장신구이며, 그렇지 못하면 이들은 문제아가 된다.

뿐만 아니라, 교사라면 모든 아이들을 이 길을 향해 달려가도록 몰아붙일 수 있어야 유능한 교사이다. 한편 아빠라면 세상에서 멋진 일을 하며 돈도 잘 벌고, 아내에게도 자상하고, 아이들하고 잘 놀아 줄 수 있는 '슈퍼맨'이 되어야 하고, 엄마라면 예쁘고 날씬하며 요리도 잘하고 아이들도 잘 키우며 어른들에게도 잘하는 '슈퍼우먼'이 되어야 한다. 이렇게 우리는 모두가 최고의 학교와 행복한 가정을 노래하고 있다.

하지만 세상 그 어디에도 이러한 학교와 가정의 '실재'는 없다. 이 모든 것은 학교와 가정의 '실재'가 아니다. 모두 우리가 만들어 낸 환상이고 첨가물이다. 우리가 일상을 살면서 구체적으로 경험하는 것과 다르고, 더 중요한 것은 그 속에는 창조적인 삶이 없다는 것이다. 그 속에서 숨 막혀 죽지 않으면 그나마 다행이다.

새로운 이름 붙이기

니체는 우리의 삶이 무덤이 되지 않고 거기에서 숨 막혀 죽지 않으려면 그것을 새로운 이름으로 불러 볼 것을 제안한다.

오랜 기간을 통해 새로운 '사물'을 창조하기 위해서는, 새로운 명칭과 평가, 그럴듯함을 창조하면 그것으로 충분하다는 것을.{니체, 「오로지 창조자로서」 『즐거운 지식』 118쪽}

나에게 가족이란 무엇일까? 가족은 나를 먹여 주고, 입혀 주고, 재워 주고, 키워 주는 고마운 관계이자 공간이었다. 내가 어른이 되어 아버지라는 이름으로 자식을 먹이고, 입히고, 재우고, 키우는 역할을 하는 것 또한 자연스러운 일이었다. 여기에 조금 더 좋고 덜 좋은 것이야 있겠지만 그리 특별할 것은 없었다. 우리는 이것을 일러 흔히 '삶의 짐'이라 부른다. 나에게도 이러한 삶의 짐이 당연히 있었다.

그런데 어느 날 나는 이런 말을 했던 것으로 기억한다. "우리 가족은 친구다!" 정확한 시기는 모르겠지만, 아마도 아이가 태어나고 자라 초등학교 고학년이 될 시기쯤으로 기억한다. 나에게도 언제나 승승장구하는 아빠, 아이에게 자랑스러운 아빠, 아내에게 자상하고 건강하게 오래 안정적으로 돈 잘 벌어 주는 남편 등등의 요구가 있었다. 동시에 돈도 벌고 살림도 잘하고 아이도 잘 키우는 엄마도 있어야 한다. 아이도 이젠 건강하고 잘 노는 것만이 아니라, 공부도 잘해야 한다. 이 모든 것이 갖추어져야 온전한 가정이라고 말할 수 있는 분위기가 나를 압박하고 있을 때였다. 그때 나는 가정이라는 것을 다시 정의하고 싶었고, 그래서 우리 '가족은 친구다'라는 새로운 이름 붙이기를 시도했다.

요즘 나는 전통적으로 학교라 불리는 공간에서 배우고 가르치지는 않는다. 대신 새로운 공간에서 배우고 글을 쓰고 때론 가르치기도 한다. 이 과정에서 청년들을 만날 기회가 많다. 어느 날 이 친구들과 저녁을 먹는 자리에서 "나는 너희들과 수평적인 관계가 되고 싶다!"라는 얘기를 했다. 사실 요즘 나의 고민을 드러낸 것이다. 그랬더니 한 청년이 나에게 말했다. "왜요? 선생님! 우리 아빠 나이에다 '주역'도 가르치시는데!"라고 말했다. 그때 나는 대답했다. "아니, 난 청년들에게 어른이나 선생 대접 받고 싶지 않아. 왜냐면 이런 대접 받으면 난 너희들에게 줄 것도 받을 것도 별로 없거든! 대신 내가 청년들과 수평적인 관계를 맺을 수 있다면 나는 청년들과 함께 공부하며 대화하고 소통하는 것이 가능할 것이고, 그러면 그것이 나의 삶에 활력을 줄 것이다!"라고 말했다. 새로운 공간에서 '선생'이라는 이름으로 불리기 시작할 때, 나는 '수평적인 관계'라는 새로운 이름 붙이기를 시도했다.

그렇다. 대략 15년 전에 "우리 가족은 친구다!"라고 말했고, 최근 "청년들에게 대접 받는 어른이 되고 싶지 않다!"라고 말했다. 두 경우 모두 일반적이지 않은 새로운 이름을 붙인 것이다. 이 말을 한 이후 나의 삶은 어떻게 변했을까? 새로운 이름을 붙인 후, 내가 지는 삶의 짐은 세상이 나에게 부과한 짐이 아니라, 순전히 내가 느끼는 삶의 짐이 되었다. 그리고 그 무게는 늘 다르고 새롭다. 나는 '행복한 가족'이라는 '실재'도 없는 삶의 짐을 지고 살지 않는다. 나는 '만능 아빠'라는 실재도 없는 무게를 느끼며 살지 않는다. 나는 아이가 곧 '나'라는 환상으로 살아가지도 않는다. 나는 '나'고 아이는 '아이'일 뿐이다. 아내도 마찬가지이다. 그렇다고 우리의 가족관계가 나쁜 게 아니다. 우리 가족은 각자의 삶의 짐을 지고 살아갈 뿐이다. 우리 부부는 그것이 삶이라 동의했고, 이제 성인이 된 아이에게도 다시 그렇게 말했다. 모든 학인들과의 관계도 나는 똑같다고 생각한다. 배움의 길에 있는 우리들 모두는 각자의 삶에 대한 고유한 짐을 질 수 있어야 하고, 그 고유한 무게를 감각할 수 있어야 한다. 하여 배움의 과정에서 오고가는 대화는 각자가 느끼는 그 고유한 무게감을 나누는 것이 되어야 할 것이다. 이 이상의 창조적인 활동은 없다. 이것이 니체가 말하는 앎의 과정이고, 곧 삶의 과정이다.

2. '광대-되기'를 부끄러워하지 말자

무거워도 너무 무거운 배움과 가르침

우리는 본질적으로 엄숙하고 심각한 인간이며 인간이기보다는 오히려 저울추이다―때문에 확실히 우리에게 있어 광대의 방울과 모자보다 더 쓸모 있는 것은 없다. 우리는 우리 자신과 관련하여 그것을 필요로 한다.(니체, 「예술에 대한 우리의 궁극적인 감사」 『즐거운 지식』 165쪽)

"선생들은 어디 가도 티가 나~!" 선생들이 모여서 식사나 술자리를 하게 되면 식당 주인은 저들이 어떤 사람인지 금방 알아본다는 얘기가 있다. "저분들 선생들이겠지"라고 생각하고 있으면, 계산할 때 예외 없이 '교직원 복지 카드'를 내민다는 것이다. 이 말을 듣고 처음에는 인정하지 않았다. 우연히 맞았겠지 했고, 특정 직업에 대해 그렇게 비아냥거리지 말라고 응수했다. 하지만 가까운 주변을 잘 관찰할수록 우리 선생들은 '무겁고 진지한 인간'임을 부정할 수 없었다. 아마도 내게 그런 말을 한 가게 주인의 마음에는 우리들이 '선생님'이라는 사실보다는 '선생들의 무거움 혹은 진지함'에 방점이 있었을 것이다. 이렇듯 우리들에게는 '무겁고 진지하기만 했던 좋지 못한 기억'이 있다. 나 역시 '배움과 가르침'은 원래 엄중한 것이고, 이를 잘 완수하기 위해서는 무거움과 진지함은 어쩔 수 없이 감수해야만 하는 것이라 말하고 다녔다.

이 무거움과 진지함은 새로운 배움과 가르침을 실험하고 있는 공간인 '감이당'에서도 쉽게 해결되지 않는다. 해결되기는커녕 오히려 더 부담스럽고 스스로를 더 긴장시킨다. 과거와는 전혀 다른 새로운 장에 들어왔음에도 불구하고 나로서는 강의나 발표를 하고 난 이후 사람들이 이를 어떻게 받아들이고 있는지, 다들 재미있어하는지 등에 늘 신경이 곤두선다. 나는 왜 이렇게 강의와 발표를 부담스러워하고 할 때마다 긴장하는가? 어떤 경우에는 긴장이 지나쳐 준비한 내용을 망치는 경우도 있다. 그런데 이러한 문제는 나만의 문제도 아닌 듯하다. 주변에 함께 배우고 가르치는 분들을 봐도 강의와 발표에 지나친 부담감을 가지고 있고, 이 문제가 쉽게 해결되지 않는다는 고백을 자주 듣는다. 대체 무엇이 문제이고 어떻게 하면 이를 해결할 수 있을까?

거리 두기, 자신을 찾는 기술

우리들이 배움과 가르침의 과정에서 놓친 것은 무엇일까?

우리가 무엇을 간과했기에 이 과정이 이리도 무겁고 진지하고 재미없는 것이 되었을까? 이런 우리에게 니체는 자신에 대한 '거리 두기'를 제안한다.

> 우리는 잠시 우리 자신으로부터 벗어나 휴식하지 않으면 안 된다──우리 자신을 들여다보고 깔보며 예술적인 먼 곳으로부터 자기 자신에 대해 웃고 슬퍼하는 것에 의해서.(니체, 「예술에 대한 우리의 궁극적인 감사」, 『즐거운 지식』 164~165쪽)

'자신으로부터 벗어나기!', '자신에 대해 울고 웃어 보기!', 이에 따른 '충분한 휴식!' 그동안 많은 배움과 가르침의 자리에 있었지만, 셋 중 아무것도 해 본 적이 없다. 이에 덧붙여 '예술적 관점에서 거리 두기'까지! 일단 니체는 낯선 언어로 우리를 후려친다.

지금까지의 배움과 가르침의 목적은 내가 아닌 세상과 타인을 향한 것. 그리고 거기서 관찰되는 문제와 결함을 고쳐 나가는 것이 핵심이었다. 물론 이 자체로 크게 문제될 것은 없지만, 그 속에 나의 수신(修身: 이 말에 또 무거움과 진지함을 상상하지 마시길)이 빠져 있다면 그 배움과 가르침은 공허한 외침에 그친다. 나를 바꾸는 것이 빠져 버린 배움과 가르침! 사실 이 과정에서 우리는 때론 울기도 때론 웃기도 했지만 그것은 자기 자신을 극복해 가는 과정에서 나온 웃음과 울음이 아니었다. 이 웃음과 울음은 구경꾼의 관점에서 세상을 바라보다 나온 것이었다. 그러면서 나는 점점 냉정한 인간이 되어 갔다. 이런 냉정한 인간들이 자신을 되돌아보는 휴식 또한 충분했을 리가 없다.

몇 년 전, 어느 날 아침 양치를 하다, 아랫니 가운데 잔뜩 끼어 있는 치석을 보면서 '내가 왜 이렇게 살고 있지?'라는 생각을 심각하게 한 적이 있다. 돌이켜 보니, 이 작은 사건은 '내가 왜 공부를 하고 있을까'라는 의문을 품는 계기가 되었다. 이를 계기로 나는 '내 몸 하나 관찰하지 못하면서 세상에서 뭘 할 수 있을까?'라는 질문을 하게 되었다. 이후 나는 나를 관찰해야겠다는 생각을 하게 되었으며, 무엇보다 중요한 것은 그 질문이 지금의 공부로 이어졌다는 것이다. 최근 몇 년간 나를 관찰하는 데 유용한 도구는 니체의 아포리즘들이었다. 니체의 아포리즘을 읽는다는 것은 나를 위로 또 아래로 관찰하면서, 그동안 한 번도 보지 못한 나를 발견하는 시간이었다. 니체 읽기가 중요한 일상이 된 후 나는 별도의 휴식 시간이 필요치 않게 되었다. 그 자체가 휴식이고 나를 관찰하는 과정이었다. 니체의 아포리즘 속으로 빠져들어 가면서 나는 수없이 울고 웃었으며, 이를 함께 나누면서 그 웃음은 배가 되었다.

'광대-되기'라는 새로운 실험

하지만 이것은 아직 시작에 불과하다. 나에게는 아직 헤아릴 수 없는 무거움과 진지함이 남아 있다. 나는 여전히 도덕이라는 중력이 지배하는 이 세상을 살고 있고 앞으로도 이 중력과 함께 살아갈 것이다. 하지만 나는 새로운 실험의 장에 있다. 니체와 함께 도덕 위에서 뛰놀 수 있는 새로운 기술을 익히고 있다.

우리는 도덕을 초월해 서 있지 않으면 안 된다. 또한 곧 미끄러져 넘어지는 것을 두려워하고 있는 사람의 염려스러운 긴장을 가지고 서 있는 것이 아니라 도덕을 초월하여 춤추고 즐길 수 있어야 한다! 그 때문에 광대 없이 살 수 없는 것과 마찬가지로 우리가 예술 없이 살 수 있겠는가?—그래서 너희가 아직 얼마간 이러한 의미에서 자신을 부끄러워하고 있는 동안은 너희는 아직 우리와 한패가 아니다!(니체, 「예술에 대한 우리의 궁극적인 감사」 『즐거운 지식』 165쪽)

몇 년 전부터 대구에서 공부 모임을 기획하고 진행했다. 대구는 내가 태어나서 자라고 공부하고 일한 곳이다. 하지만 이곳에서의 활동이 어느 순간 나를 무겁고 진지하게 만들었고, 그곳에만 가면 나는 경직되었다. 그래서 몇 년 동안 떠나 있었던 곳이다. 하지만 나는 새로운 배움을 무기로 대구(사람들)와의 새로운 결합을 시도했고, 3년 이상 니체를 즐겁게 읽을 수 있었다. 그리고 최근에는 다시 몇몇 분들(교사들)과 교육 고전 읽기 프로그램을 시작한다. 새로운 기대와 설렘과 함께.

　이 과정을 준비하면서 많은 생각을 다시 하고 있다. 나는 왜 '내가 태어나고 자라고 배우고 일한 곳'에서 마비되었을까? 나는 왜 이곳 사람들만 만나면 미끄러져 넘어질 것 같은 두려움으로 경직되었을까? 이제 알겠다. 과거 나를 경직되게 만든 배움은 기존의 관계에 의지하고 기댄 배움과 가르침이었다. 대신 내가 최근 배운 것은 낯선 사람들과 함께 만들어 가는 배움과 가르침의 기술이었다. 과거에는 주어진 틀과 관계 안에서 배우고 가르치는 것에 익숙해 있었다면, 지금 나는 아무런 틀이 없이, 과거의 관계에 얽매이지 않고 배우고 가르치고 있다. '아무런 틀이 없이 누구와도 가능한 배움과 가르침의 기술', 이것이 니체가 말하는 '광대-되기'일 것이다. 이제 나는 광대-되기를 실험할 것이다. 아니, 나는 배움과 가르침을 행하는 '광대'가 기꺼이 되고자 한다. 예전에는 이런 나를 상상하는 것만으로도 부끄러웠겠지만 이제는 배움과 가르침에 관련된 활동에 그 어떤 것도 부끄러워하지 않을 것이다. 한 번도 해보지 않은 낯선 일을 준비하면서 따라올 수 있는 실패에 대한 두려움도, 잘 가르쳐야 한다는 진지함도 나를 사로잡지 못할 것이다. 이제 나는 그것이 무엇이든 배우고 가르치며 때론 웃고 때론 우는 과정을 함께할 뿐이다. 그러면서 기존의 틀은 부서지고 새롭게 구성될 것이고, 모든 관계는 새롭게 형성될 것이다.

그렇다. 나는 광대-되기라는 배움과 가르침을 위한 새로운 무기를 가지고 과거의 공간으로 돌아간다. 하지만 이것은 결코 과거가 아니라 내가 만들어 갈 오늘 혹은 미래의 공간으로 가는 것이다.

3. 변신, 자신에게 부끄럽지 않은 삶

위대한 남자는 자신과 세상을 건강하고 활기차게 한다. 하지만 정작 지금 자신을 위대하다고 외치는 남자들은 세상을 병들고 탁하게 만들고 있다. 세상에는 언제나 자신들이 위대하다고 외치는 많은 사람들이 있다. 언제는 정치인들이, 언제는 종교인들이, 언제는 발전을 외치는 경제인들이 그렇다. 하지만 이들은 위대해 보이기는커녕 세상 사람들을 성가시게 할 뿐이다. 그럼에도 이들은 왜 자신을 위대하다고 외치는가? 도대체 '위대하다'라는 말은 어떨 때 쓰는가?

일단 잘 쓰지 않는 말이다. 내게 '위대한 남자'란 어린 시절 영웅들의 이미지와 함께 기억되어 있다. 이때 영웅이란 특정 분야에서 큰 성취를 이루고, 한 번 마음먹은 것은 어떤 상황에서도 끝까지 해내고, 감정에 지배당하지 않는 그야말로 완벽한 사람으로 그려진다. 그러니 위대한 남자는 나 혹은 우리와는 전혀 상관이 없는 사람이 되었고, 살아갈수록 위대함과 나와의 거리는 점점 더 멀어져 갔다.

하지만 우리의 삶에서 또 우리의 삶을 가꾸는 기술을 연마하는 공부에서 '위대한 비전을 가진 삶과 공부'는 중요하지 않은가? 우리의 삶을 위험에 빠트리고, 왜소하게 하는 위대함이 아닌 우리를 건강하고 활기차고 명랑하게 할 위대함을 찾아야 한다. 내가 공부하는 감이당에서도 이 점을 강조하고 있다. 얼마 전 금요 대중지성에서 공부하는 우리들에게 선생님은 이런 선언을 하셨다. "우리 공부의 목표는 '위대한 비전과 접속하는 것', '천지자연의 이치와 교감하는 것'임을 명심하자!" 그렇다. 이제 우리는 세상에서 외치는 위대함과는 다른 위대함을 찾아야 한다.

> 한 인간이 '위대한 인간(남자)'이라는 사실로부터 그가 한 사람이기 전에 한 인간(남자)이라고 결론 내릴 수는 없다. 어쩌면 그는 단순히 소년이거나 혹은 평생 동안 카멜레온이거나 나아가 마법에 걸린 작은 여인일지도 모르므로.(니체, 「위대한 인간」 『즐거운 지식』 214쪽)

니체에게 '위대한 남자'란 무엇인가? 우선 니체에게 '위대한 남자!'는 꼭 남자여야 하는 것은 아니다. 일단 오만함에 빠져 스스로를 위대하다고 말하는 부류는 아니고, 역사적, 혹은 사회적 영웅으로 기억된 남자들과도 다르다. 이렇듯 우선 각자가 가진 남자 혹은 위대함, 나아가 위대한 남자에 대한 이미지를 비판적으로 하나씩 들여다보는 것이 필요하다. 아마도 '소통 부재'와 '민감성 결여'가 가장 잘 드러나는 특징일 것이다. 이것은 앞서 말한 오만하고 무모한 남자들의 특징이기도 하다. 이렇게 보면 지금 대부분의 남자들은 니체가 말하는 위대함과는 거리가 멀다. 실제로 위대함을 외치는 사람들의 '소통 부재'와 '민감성 결여'는 무모함으로 이어지고, 이들의 무모함은 세상을 위험에 빠트리는 경우가 많았다. 일단 여기에서 벗어나는 것이 첫번째 과제이다.

위대한 남자-되기는 이 과제를 넘어서는 것에서 시작된다. 먼저 니체가 말하는 '위대한 남자'는 '소년'(어린아이)이다. '소년'(어린아이)은 '놀이하는 존재'이다. 소년(어린아이)은 세상에 존재하는 모든 것들과 소통하고, 그들과 관계 맺는 세상의 모든 존재들은 새로운 이름을 부여 받으며, 세상을 풍요롭게 하는 사물로 새롭게 탄생한다. 니체에게 소년(어린아이)은 창조와 생성의 존재이다. 다음으로 니체가 말하는 '위대한 남자'는 '모든 연령을 오가는 카멜레온'이다. '카멜레온'은 변신을 상징하는 존재이며 니체는 여기서 연령을 자유로이 오가는 존재로 가져온다. 소년과 청년에게는 장년과 노년과, 장년과 노년에게는 소년과 청년과 서로 섞이고 소통하는 능력이 위대함의 조건이다. 또 니체가 말하는 '위대한 남자'는 '마법에 걸린 여자'이다. '여자'는 니체 철학의 지향점이기도 하지만 여기서는 완전히 다른 차원을 바라보는 존재, 그래서 이성이나 논리로만 세상과 인간에게 말을 거는 존재가 아닌, '마법에 걸린 여자'처럼 감성과 정(情)으로 타인과 소통하고 공감하는 존재로의 변신으로 해석해 볼 수 있겠다.

최근 나는 이런저런 계기로 '왜 공부를 하는가?'라는 질문을 다시 함과 동시에 세상에서 위대함을 외치는 사람들의 허상을 더 분명히 보게 되었다. 세상에서 스스로를 위대하다고 외치는 사람들은 무엇을 보고 있고, 동시에 무엇을 보지 못하고 있는 것일까? 한마디로 이들은 스스로를 관찰할 수 있는 힘이 없다. 이들은 세상에 드러난 자신, 사람들의 시선을 끄는 자신을 곧 자기라고 착각하고 있다. 그리고 그것을 위대함이라 생각하고 있다. 더이상 함께하고 싶지 않은 사람들이다.

이제 나는 스스로를 위대하다고 외치는 사람들에게서 쉽게 눈길을 돌릴 수 있게 되었다. 이들은 더이상 나의 관심 대상이 아니다. 그렇다고 이것으로 나의 역할을 다하는 것은 아니다. '그렇다면 나는?'이라는 질문을 했을 때, 나 역시 지금 내가 비판하고 있는 틀을 벗어나지 못한 것은 마찬가지가 아닌가? 나 또한 공부를 통해 나의 행위를 조금씩 개선해 가고, 다른 사람들의 행동이나 세상에 대해 예리한 심판을 하는 것에 만족했을지도 모른다. 그러면서 나름 나를 정의롭다고 생각했을 것이다. 하지만 이것은 위대한 목표를 가진 공부가 아니지 않은가! 왜냐하면 위대한 남자-되기는 내가 예전에 나름 애썼던 자신의 개인적 행위의 개선, 세상에 대한 심판자 역할만으로 완성되는 것은 아니기 때문이다.

지금의 틀 안에서 나 자신의 행위를 아무리 개선한들, 세상에 대해 아무리 예리한 분석과 판단을 한들, 아무리 정의를 갈구한들 그것으로 위대한 남자가 되는 것이 아니다.

니체의 '위대한 남자!'를 다시 생각해 보자. 니체는 자유를 획득했다는 징표는 "더이상 자기 자신에 대해 부끄러워하지 않는 것"(니체, 「무엇이 자유의 징표인가?」 『즐거운 지식』 226쪽)이라 했다. 어떻게 하면 그것이 가능할까? 아마도 이를 위한 첫걸음은 자기 자신을 알려고 하는 것이리라. 이 과정에서 그동안 세상에서 위대함을 외친 남자들의 욕망이 무엇인지, 그것이 세상을 얼마나 위험하게 하고 반생명적인지를 볼 수 있어야 한다. 동시에 우리는 세상과 인간에 대한 시선을 하나씩 바꾸어 나가야 한다. 이것은 삶과 공부에 대한 비전을 자기 자신의 마음에서 출발하여 세상과 접속하고 나의 일상을 돌아보며 매일매일 겪어 나가는 사건들과 소통할 수 있는 감각을 키우는 일일 것이다. 결국에는 공부를 통해 '위대한 비전과 접속하는 것', '천지자연의 이치와 교감하는 것'으로 연결될 것이다. 나는 이것을 위대한 남자-되기의 출발점으로 삼고자 한다. 니체를 읽고 난 후 나라는 존재를 다시 볼 때가 많다. 한때 남자였던 나는 더이상 남자를 욕망하지 않는다. 내가 진정 욕망하는 것은 '소년'(어린아이), 혹은 '카멜레온'과 같은 존재이다. 물론 '마법에 걸린 여자'도 좋다. 이것이 내가 세상과 소통하면서 진정 부끄럽지 않은, 위대한 나를 만들어 가는 과정일 거라 믿어 의

심치 않는다. 잊지 말자! 변신만이 자기 자신에게 부끄럽지 않은 삶을 살아갈 유일한 길임을!

4. 한가와 여유(나태), 철학적 삶의 시작

휴식은 부끄러운 것이다?

2020년 초부터 2022년이 막 시작된 지금까지 지구촌 전체는 언제 끝날지도 모르는 '코로나19'라는 신종 전염병을 앓고 있다. 이 신종 전염병으로 인해 일상이 예전보다 훨씬 바빠진 사람들도 있지만, 나의 경우는 그야말로 '한가하고 여유로운(나태한)' 일상을 살아가게 되었다. 초기에는 코로나가 대구·경북을 중심으로 폭발적으로 증가했기에 이곳이 생활 기반인 나로서는 강제적으로 모든 일상을 멈추게 되었다. 매주 서울을 오가며 하던 세미나, 수업, 강의는 물론 대구에서 하던 강의도 멈추었다. 내 일상의 반경은 내가 사는 아파트와 아파트 앞에 있는 산을 잠시 다녀오는 것이 전부였다. 이렇게 2개월 이상을 보냈다. 이 기간 동안 내 마음은 하루빨리 이 사태가 종식되기만을 바랄 뿐이었다. 그나마 한 가지 위로할 것이 있다면 그때까지 초고 상태에 있었던 글이 마무리되어 6월에 『내 인생의 주역』(김주란 등 8인 공저, 북드라망, 2020)이란 책으로 출판된 것이었다. 이 성과가 없었다면 지난 몇 개월은 내 인생 최악의 시간으로 기록됐을 것이다. 당시 나는 해야 할 일들, 하기로 계획되어 있는 일들이 있었지만 그것을 포기해야 하는 상황을 쉽게 받아들이기 어려웠다. 지금까지 나는 한가와 여유(나태)가 삶에서 어떤 가치가 있는지를 모르고 살아왔다. 하지만 니체는 나의 이런 삶의 패턴이 가지는 왜소함을 놓치지 않는다.

> 우리는 이제 휴식을 부끄러이 생각하게 되었다. 오랜 명상은 양심의 가책을 느끼게까지 한다. 사람들은 시계를 손에 들고 생각을 한다, 마치 정오에 주식 신문을 주시한 채 식사하듯이. 사람들은 마치 언제나 무엇을 '놓치는 것'은 아닌가 하고 생각하는 사람처럼 산다.(니체, 「한가와 나태」, 「즐거운 지식」 269쪽)

현대인들은 딱 이렇게 산다. 나 또한 이렇게 살았다. 실제로 바쁘기도 하고, 안 바빠도 바쁜 척하면서! 우리는 그것이 무엇이 되었건, 잘 살기 위해서는 아무것도 놓쳐서는 안 된다는 생각을 참 많이 한다. 그리고 이러한 생각에 자연스럽게 따라오는 불안을 감수하면서 살아가는 것이 우리 현대인들의 평범한 일상이다. 남녀노소를 불문하고 모두가 한가함 없이 바쁘게 사는 걸 잘 살아가는 것으로 생각한다. 그러다 간혹 한가한 시간이 있게 되면 이를 어찌하지 못하고 금방 우울해하고 괴로운 시간으로 생각한다. 간혹 '사색하는 삶'이니 '저녁이 있는 삶'을 말하기도 하지만 이것은 짧게 금방 지나간다는 것을 전제로 하는 말들이다. 그 시간이 길어질 경우 휴식을 부끄럽게 생각하고, 더 길어질 경우 불안하고 초조해한다. 지난 첫번째 코로나 유행기에 내가 경험한 것도 이렇다. 나의 일상은 우울과 불안의 반복이었고, 억지로 스스로를 달래면서, 이 상황이 빨리 끝나기만을 기다리는 시간의 연속이었다.

다시 강제된 한가와 여유

그런데 그동안 '불안불안'했던 코로나는 2020년 8월이 되어 전국을, 그것도 이번에는 수도권을 중심으로 재확산되었다. 나의 일상은 다시 멈추었다. 두번째라 더 당황스러울 수도 있었겠지만, 나의 경우 이번의 멈춤은 첫번째의 멈춤과는 약간 다르게 경험하고 있다. 물론 처음이 아니라는 것이 중요한 이유가 될 것이고, 또 줌(Zoom)이라는 새로운 기술이 세미나 강좌를 마음만 먹으면 어디서든 지속하게 해 준 것도 큰 도움이 되었다. 하지만 더욱 중요한 것은 이제 나에게 강제로 주어진 '한가하고 여유로운 시간'을 철학적으로 사유하기 시작했다는 점이다. 물론 니체와 함께!

니체는 20대 시절, 프랑스와의 전쟁에 참여했다. 이 과정에서 니체는 낙마로 인해 큰 부상을 입고 몹쓸 병까지 앓은 것으로 유명하다. 이후에도 심한 두통, 시력의 약화 등 많은 병을 앓았다. 바젤 대학의 교수직을 10년 남짓하고 그만둘 정도로 그의 병력은 화려했다. 이렇듯 '니체와 병'은 언제나 함께 따라다니는 수식어이다. 하지만 훗날 니체는 자신의 병과 관련하여 이렇게 말한다.

> 병은 나에게 망각을 허용했고, 망각하라고 명령했다 : 병은 나에게 조용히 누워 있고 여가를 가지고 기다리고 인내할 필요성을 던져 주었다. (……) 그런데 이것이야말로 생각한다는 것이 아니겠는가! (……) 내 눈은 전적으로 모든 책벌레들에게 작별을 고했다. 간단히 말하면 : 문헌학에 작별을 고했다 : 나는 '책'에서 해방되었다. 그리고 몇 년간 더이상 아무것도 읽지 않았다―이것이 내가 나 자신에게 베푼 최고의 은혜였다!{니체, 「나는 왜 이렇게 좋은 책을 쓰는가」 『이 사람을 보라』 109쪽}

병에 따른 고통이야 누구에게나 비슷하겠지만, 니체가 병과 고통을 사유한 방식은 우리와 매우 다르다. 니체는 자신의 병 때문에 일상이 마비된 삶을 살지 않았으며, 자신의 병을 빨리 지나가야만 하는 것으로도 인식하지 않았다. 니체는 자신에게 다가온 병을 자신의 습관을 바꾸는 기회로 사유하고 그렇게 활용했다. 습관! 바꿔야 한다고 말은 하지만 바꾸기가 거의 불가능한 것이 습관이다. 2020년 봄, 우리에게 강제로 주어진 2개월 이상의 시간 동안 한 번도 경험해 보지 않은 일들을 겪으면서 전과는 다른 삶을 이야기하기 시작했다. '이참에 좀 쉬어야지!', '아이들 학원도 이렇게까지 보낼 필요가 없네!', '굳이 학교를 매일 가지 않아도 되네!', '회사 일도 집에서 가능하네', '아빠도 요리 실력이 좋네!', '나라에서 생활비를 주기도 하네!' 등등. 이렇게 우리는 제도에 대해서, 각자의 삶에 대해서, 꼭 지금과 같은 방식이 아니어도 되지 않을까를 생각하게 되었다. 이것도 성과라면 중요한 성과이다. 하지만 이 약간의 다른 생각들이 각자의 습관을 바꾸는 것으로까지 이어지지는 못했다. 아직도 우리는 불안한 마음을 떨쳐내지 못하고 있으며 지금의 시기를 가장 불행한 시기로 각인하고 있다. '코로나 블루'니, '코로나 앵그리', 혹은 '가장 불운한 세대' 등등의 말이 우리의 의식에 떠다니는 한 이 시간을 철학적으로 사유하는 것은 불가능하다. 여전히 우리는 이 시간이 빨리 지나가기만을 바라는 심리 상태를 넘어서지 못하고 있다.

비록 강제로 주어지긴 했지만 '한가하고 여유로운 시간'을 우리도 니체처럼 자신의 습관을 바꾸는 기회로 삼을 수는 없을까? 그러기 위해서는 과거의 습관을 잊는 연습부터 시작해 보자. 그 첫번째로 바쁘다는 습관적인 말을 멈추고, 바쁘지 않아도 부끄럽지 않다는 생각을 억지로라도 해 보자. 니체가 병은 '조용히 누워 있는 것, 여가를 가지는 것, 기다림과 인내의 필요'를 자신에

게 선사했다고 받아들였으며 이것이야말로 '생각하는 삶'을 가능
하게 했다고 고백했듯이!

나로의 귀환

코로나가 아니어도 우리는 한가하게 쉬는 사람이 많은 시대
를 살아야 한다. 그렇다면 이런 거스를 수 없는 시대적 흐름 속에
서 '한가와 여유'를 다르게 사유할 수는 없을까? 아니, 우리는 반
드시 이 시대를 다르게 사유해야만 한다! 지금의 사태가 언젠가
는 끝나겠지만, 사유의 전환이 없다면 우리는 과거의 습관으로
또 돌아갈 것이다. 이렇게 된다면 지금의 사태를 낳은 우리의 문
명 패턴은 점점 더 강화될 것이고, 더 큰 위험이 닥쳐올 것이다.
그리고 여전히 우리는 우울하고 불안해하면서, 자기 삶을 부끄럽
게 생각하며 살아가는 습관을 버리지 못할 것이다.

이제 이 습관을 버려 보자. 이 습관을 바꾸기 위해 스스로에
게, 아이들에게, 또 주변을 향해 그동안 다그쳤던 행위를 멈춰 보
자. 그러면 어떻게 먹고사느냐고? 또 이런 걱정과 불안을 말할
것이다. 맞다. 당장 먹고살기 어려운 사람들도 있다. 이들이야말
로 국가가 한번 제대로 먹여 살려 보자. 해방 후 70년 동안, 우리
는 쉬지 않고 국가와 경제 발전을 위해 달려왔다. 그 성과를 축적
한 사람들은 그 축적된 것을 가지고 당분간 각자 살아가면 될 것
이고, 그렇지 못한 사람들은 국가나 지방자치단체에서 보전하는

'기본 소득'으로 살아갈 수 있는 시스템을 만들면 된다. 대한민국 국민 어느 누구도 기본적 삶이 흔들리지 않는 사회를 지금 아니면 언제 실험해 볼 수 있겠는가! 나라가 돈이 부족하다면 기업도 어떤 형태로든 축적된 것들을 새로운 사회의 실험을 위해 기꺼이 내놓을 필요가 있다. 지금의 체제를 유지하면서 이 고난의 시기에도 소수의 축적이 계속되고 특정 지역의 부동산이 오르고 수천조의 여유 자금이 투자처를 찾지 못하는 세상이 비전이 있는지, 아니면 70년간 축적된 자산의 흐름을 바꾸어 지금까지 한 번도 상상해 보지 못한 사회를 만들어 보는 것이 나을지를 진지하게 생각해 볼 때이다. 물론 나는 후자가 더 낫다고 생각한다. 우리가 이렇게 큰 사유의 전환을 이루어 낼 수 있다면, 훗날 지금의 어려움은 니체의 고백만큼 큰 행복이었고, 이를 통해 최상의 회복이 가능했다고 기억할 것이다. 하지만 이는 국가나 지방자치단체의 일이니, 나로서는 이러한 발언을 하는 것으로 시대적 소명을 다한다. 하지만 이러한 바람과 함께 각자 자신이 해야 할 일이 더욱 중요하다.

나는 가장 아팠고 고통스러웠던 그 시절에 느꼈던 행복보다 더 큰 행복을 내 삶에서 더이상 느껴 보지 못했다 : 이러한 '나 자신으로의 회귀'가 무엇이었는지를 알려면 『서광』이나 『방랑자와 그의 그림자』를 읽어 볼 필요가 있다 : 그것은 최상의

회복 그 자체다! (……) 다른 것들은 여기서 파생될 뿐이다.{니

체, 「나는 왜 이렇게 좋은 책을 쓰는가」 『이 사람을 보라』 109~110쪽}

니체는 자신의 삶에서 가장 아팠고 고통스러웠던 시절을 현대인들과는 다르게 겪었다. 그는 그 시절을 빨리 지나가야만 하는 시간이라고 조급해하지 않았다. 니체는 고통스러운 시대와 개인사를 살았지만, 그것으로 인해 현재의 삶을 희생하며 마냥 견디지 않았다. 니체는 이 시기를 '나로의 귀환'이 이루어진 시기로 사유하고 활용했다. 그렇다면 지금까지 거의 2년 동안 겪고 있는 한가하고 여유로운 시간, 나는 어떻게 사유하고 일상을 살아가면 좋을까? 지금 나는 '니체 사용설명서' 연재를 마치고 이를 책으로 만드는 작업을 하고 있다. '니체 사용설명서'의 기획이 그렇기도 했지만, 나의 글쓰기는 '나로의 귀환' 과정이고, 그 과정은 곧 나의 명랑성 회복 그 자체이다. 훗날 누군가 2020년과 2021년의 암울한 시기를 어떻게 보냈느냐고 물을 때, 첫번째 한가한 시간에 세상에 나왔던 『내 인생의 주역』과 두번째로 맞은 한가한 시기에 출판된 『니체 사용설명서』를 보여 주면서 대답을 대신하고 싶다. 이 시대를 살아가는 모두가 '자기 자신에게로 귀환'하는 경험을 통해 지금까지 한 번도 경험하지 못한 자기 자신을 발견하는 기회를 가져 보기를 소망한다.

5. 문제는 좁은 인식의 틀이다

니체는 왜?

이것이 진실이다. 나는 학자들의 집을 나왔고, 나오면서 등
뒤로 그 문을 쾅 하고 닫아 버렸다.{니체, 「학자들에 대하여」, 『차라투스트라는
이렇게 말했다』 230쪽}

니체는 학자였다. 그는 26세에 박사학위도 없이 바젤대학의
교수로 임용될 만큼 촉망받는 학자였다. 한편 니체는 대학에 있
을 때부터 기존의 학풍과는 다른 사유와 글쓰기를 한 것으로도
유명하다. '철학자 니체'를 있게 한 첫번째 작품인 『비극의 탄생』
의 경우, 당시 자신이 몸담고 있었던 고전문헌학계에서 혹평을
받은 것으로 유명하다. 이후에도 니체는 '아포리즘적 글쓰기'라
는 자신만의 문체로 글을 썼다. 당연히 대학에서 인정하는 논문
식 글쓰기와는 거리가 먼 방식이다.

뿐만 아니라 대부분의 저술에서 학자들을 언급하고 있고, 이
때마다 학자들에 대해 혹독한 비판을 한다. 당시 유명 저술가였

던 다비드 슈트라우스에 대해서는 '속물 교양'을 대표하는 지식인으로, 대학을 고집한 칸트의 경우 '번데기'에 비유해 비판하고 있다.(『반시대적 고찰』) 이렇게 니체는 스스로 학자였지만, 학자에 대해 전혀 호의적이지 않았고, 결국 10년 정도 대학교수 생활을 한 후 그 자리를 떠난다. 겉으로 드러난 이유는 자신의 질병(심한 두통과 안통) 때문이었지만, 이것만으로 니체라는 한 철학자의 삶을 이해하기에는 부족하다.

나는 다른 더 중요한 이유가 있었다고 본다. 이후 니체는 죽을 때까지 학자인 듯, 학자가 아닌 듯한 삶을 살아간다. 대학이라는 틀에 갇혀 사유하고 강의하며 글을 쓰는 일에서 벗어났다는 점에서 그는 학자가 아니었다. 반면 비록 학자들의 세계를 박차고 나왔지만, 자신만의 사유에서 길어 올린 것들로 지금의 '니체 철학'을 남겼다는 점에서 그는 위대한 학자이다. 니체는 대학에 안주하는 철학을 비판하면서, 철학이 어떻게 매주 같은 시간에 동일한 양만큼, 예를 들어 매주 목요일 오후 2시에서 4시까지, 가능한지를 물었다. 대학에서 자신의 철학적 질문에 답을 찾지 못한 니체는 오랜 방랑 생활을 하게 된다. 그는 낮에는 걸으면서 사유하고 밤에는 그 사유를 글로 옮기는 생활을 이어 간다.

니체는 왜 대학에서 빠져나왔을까? 학자들의 혈통(출신 성분)을 비판하는 그의 글에서 그 단서를 찾아 볼 수 있다. 이 글을 학자에 대한 비판으로 읽어도 의미가 있겠지만 '앎을 대하는 우리의 태도를 성찰하는 것'으로 바꾸어 읽어 보면 어떨까?

예를 들어 보자. 항상 다양한 서류들을 정돈하고 그것을 다른 파일로 분류하며 일반적으로 사안들의 체계를 잡는 것이 주 업무인 서기(書記) 및 모든 종류의 사무직 노동자들, 그들의 자손들이 학자가 되었을 때, 그들은 단순히 문제의 체계를 잡 은 그때 문제가 거의 해결되었다고 여기는 경향을 명백히 나 타낸다. (……) 변호사의 자식 역시 학자로서도 변호사적으로 될 수밖에 없을 것이다. 그는 무엇보다도 문제에 있어 첫째로 는 자기의 주장이 관철될 것을 원하고, 두번째로는 바른 것이 어야 함을 원할 것이다. 프로테스탄트의 목사나 교사의 자식 은 어떤 소박한 신뢰, 즉 그들이 학자로서 그 문제가 그저 용 감하고 정열적으로 제출만 된다면 머지 않아 증명이 완료된 다고 생각하는 소박한 신뢰가 있다. (……) 유태인 학자들을 생각해 보라. 그들 모두는 논리를 매우 중요시한다. 그것은 동의를 강요하기 위해 이유(원인)의 힘을 빌려야 하기 때문이 다.〈니체, 「학자의 혈통에 관하여」, 『즐거운 지식』, 301~302쪽〉

당시 니체의 눈에 들어온 학자들의 모습이다. 그런데 지금의 학자들도 다르지 않다. 나아가 학자가 아닌 현대인들의 모습 또 한 이와 다르지 않다. 앎을 대하는 우리의 태도와 많이 닮았기에 그렇다. 현대인들이 인간과 세상에 대해 무엇을 안다고 말할 때 '체계적으로 정리를 잘하는 것', '법이나 제도와 같은 정해진 기준에 합당한 것', '대담한, 때론 무모한 도전과 열정이 중요하다는 것', '데이터라는 이름으로 논리와 근거를 들이대면 모두 설득할 수 있다는 생각' 등과 매우 닮았다. 이것들이 우리가 학자이든 아니든 앎을 대하는 태도이다. 뭔가 답답함을 느끼지만 그렇다고 다른 대안도 없는 상황! 원래 앎은 이런 것이 아닌가!? 그렇지 않다. 니체는 앎과 삶을 그렇게 보지 않는다.

좁은 인식의 문을 닫고 삶이라는 광장으로

니체가 학자들의 출신 성분에 빗대어 비판하고 있는 것은 무엇일까? 결국 우리의 좁은 인식의 틀이 문제라는 것이다. 그것이 무엇이었든지 간에 니체의 눈에 들어온 학자들은 '모퉁이'에 처박혀 있는 사람들이었다.

그러나 자연과학자는 그 인간적 모퉁이로부터 나와야만 한다. 또한 자연을 지배하고 있는 것은 곤궁이 아니라 과잉이며 낭비이다. 그것도 무의미할 정도의 과잉과 낭비이다. 생존을 위한 투쟁이라는 것은 단지 예외일 뿐, 생의 의지의 일시적 제한에 불과하다. 크고 작은 투쟁은 항상 우월, 성장, 확대를 둘러싸고 선회하고 있다, 힘에의 의지에 따라서.―힘에의 의

지야말로 삶에의 의지이므로.{니체, 「다시 한 번 학자들의 혈통에 관하여」『즐거

운 지식』 303~304쪽}

우리는 '자연! 자연!' 하면서 실제로는 '자연'을 왜소하게 이해하거나, 그 본성을 잃어버리고 살아간다. 니체는 이렇게 반문한다. 자연이 언제 궁핍했던 적이 있는가. 자연이 언제 체계적이고 논리적이었던 적이 있던가. 자연은 언제나 '무의미할 정도로 과잉과 낭비'가 아닌가. 우리가 지금까지 자연에 대해 가지고 있었던 생각들은 각자의 입장에 갇힌 예외적인 작은 사례가 우리의 인식을 지배하게 된 결과인 것이다. 자연에 대한, 세상에 대한 좁은 인식은 한 생명이 자신의 삶을 온전히 살아가는 것을 방해하고, 나아가 생명 자체를 왜소하게 만든다. 좁은 인식은 우리의 앎을 특정한 모퉁이에 머물게 함과 동시에 우리의 힘을 꺾어 버린다. 자연에 대한 오해가 대표적이다.

또 이것은 삶에 대한 오해와 왜곡으로 이어진다. 자연은 늘 인간에게 충분히 많은 것을 베풀어 줌에도 불구하고 우리는 언제나 불안과 궁핍의 논리가 지배하는 세상에서 살아간다. 삶이란 단지 생존을 위한 것이 아님에도 불구하고 우리는 평생 생존 타령을 하고 있다. 죽을 때까지 먹고살 것이 충분한 사람들도 더 많은 것을 축적하는 일에 몰두한다. 내내 월급 받고 퇴직 이후에는 연금을 꼬박꼬박 받으면서도 자신은 가난하다는 투정을 부린다.

그러면서 자신의 삶을 생생하게 꾸려 가기 위해서는 앎이 필요하다는 것도, 또 그것을 탐구하기 위해서는 무엇을 어떻게 배워야 할 것인지를 한 번도 생각해 보지 못한 채 죽음을 맞이한다. 언제까지 이렇게 살아야 하나! 우리는 이 터널에서 빠져나와야 한다. 어떻게?

이제 모퉁이에서 걸어오는 싸움에 휘말려 들어가지 말자! 이제 그 모퉁이의 논쟁에서 빠져나와 진정 각자가 하고 싶은 일을 하나씩 해 보면 어떨까. 왜냐하면 이런 식의 투정에 응대하는 것은 그 마음이 어떠하든 간에 그들이 원하는 왜소한 세상에 다시 끌려 들어가는 것이 될 것이고, 그렇게 된다면 우리는 영원히 그 자리에서 빠져나올 수 없다. 그러니 이제 모퉁이에 갇힌 좁은 인식의 틀을 뒤돌아보지 말고 그 문을 쾅 닫아 버리자. 그러면 우리에게 벌써 새로운 것이 문 앞에서 기다리고 있을 것이다.

니체는 그렇게 했다. 그는 학자들이 쳐 놓은 울타리를 벗어나, 자신에게로 돌아갔다. 이때부터 그는 세상이 무엇인지, 인간이 무엇인지, 대중과 함께한다는 것이 무엇인지, 즉 삶이 무엇인지를 숙고하고 글을 썼다. 그리고 이 사유와 글쓰기는 왜소하기 짝이 없는 현대인들을 삶이라는 큰 광장으로 끌어내는 '니체 철학'을 탄생시켰다. 이보다 더 큰 쓰임이 어디에 있겠는가. 우리도 각자의 좁은 인식틀에서 나와 그 문을 굳게 닫고, 삶이라는 광장으로 나가 보자. 모두가 그러해야 하고, 이제 우리는 그렇게 해도 될 만큼 충분히 풍족한 세상에 살고 있다. 좁은 인식의 틀에 갇힌 인간 세상의 모퉁이에서 빠져나와 삶이라는 광장에 서야 이 길이 보인다.

3장 새로운 삶의 풍경을 그리다

1. 건강, 관리에서 사유로

'건강하세요!', '건강이 최고야!' 우리 시대 가장 흔한 덕담일 것이다. 건강의 가치를 의심하는 사람은 없다. 건강하지 않으면 당장 고통스럽고 일상이 파괴되니 이건 너무 당연한 이야기라고 할 수 있다. 철저한 건강 관리만이 살길이라 생각하며 삶의 많은 에너지를 여기에 투자한다. 매일 건강에 관한 정보가 쏟아져 나오고, 우리는 자연스레 이 정보에 눈길이 간다. 이들 중 내게 꼭 필요하다고 생각되는 것을 골라 하나라도 더 실천하면서 살아가려고 애쓴다. 특히 '코로나19'라는 신종 전염병이 우리의 일상을 덮치면서 다시 한 번 건강의 중요성을 상기하게 되었고, 매사를 조심하는 태도까지 덧붙여 이렇게 외친다. '오직 건강만이 살길이다!' 아마도 이 외침은 더 강해질 것 같고, 어쩌면 포스트 코로나 시대를 지배하는 논리가 될지도 모른다. 우리는 '철저한 건강 관리'가 최고의 삶의 기술이 되어 가는 시대를 살고 있다.

건강 그 자체는 없다!

그런데 이런 우리의 관심과 습관을 문제시한 철학자가 있다. 그는 스스로 '철학적 의사(醫師)'를 자임한 사상가이다. 그는 철학이란 "인류의 총체적인 건강을 진단할 수 있는 의사"(니체, 「제 2판을 위한 머리말」, 『즐거운 지식』 36쪽)라고 했다. 니체는 '철학적 의사'란 말로 건강과 질병에 대한 우리의 관심을 개인의 건강 관리가 아닌 삶을 총체적으로 바라보는 문제로 전환한다. 그는 의료인들이 만들어 놓은 건강에 대한 외부기준에 우리의 삶이 끌려가는 것이 아니라, 건강이야말로 내 안에서 출발하여 각자의 몸과 삶의 조건을 총체적으로 사유해야 하는 것임을 말한다. 건강에 관한 니체의 사유를 따라가기 위해 '영혼의 건강'이라는 그의 글을 한번 보자.

건강 그 자체는 없으며 그런 방식으로 한 사물을 규정하려는 모든 시도는 비참한 실패를 맛보아 왔기 때문이다. (……) 무수히 많은 건강들이 있는 것이다.(니체, 「영혼의 건강」, 앞의 책, 180쪽)

'건강 그 자체는 없다!' 뭐라고? 우리가 그렇게 믿고 있었던, 이제 기댈 곳이라고는 건강밖에 없는데, 그런 것은 애시당초 없다고? 당황스럽긴 하지만 다시 잘 생각해 보면 우리도 건강에 대한 구체적인 어떤 것을 가지고 중요하게 생각한 것은 아니었다. 하지만 그래도 건강에 필요한 최소한의 것들은 있지 않을까. 이 최소한의 것들이 우리가 먹고, 마시고, 몸을 움직이고, 잠을 자고, 사람을 만나고, 일을 하는 것에서 수칙으로 여기고 있는 것들이 아닌가. 소박하게 먹고, 꾸준히 운동하고. 이것이 부족하다고 생각되면 건강 검진과 같은 것을 활용해 자기 몸을 정기적으로 체크하고. 무리하게 일하지 않고, 자주 충분히 쉬어 주고, 사람들과 즐겁게 지내고 등등. 또 이것으로 부족하다고 생각되면 새로 개발되어 나오는 건강 보조 식품을 몇 개 먹고, 특히 비타민을 잘 챙겨 먹고 등등. 뭔가 자꾸 늘어나고, 가끔 '이렇게 하면 진짜 건강할까?'라는 의문이 들기도 하지만, 이럴 땐 언제나 "부자들이, 선진국들이 다들 이렇게 하잖아!", "의사들이 이렇게 추천하잖아!"라는 말을 하면서 우리는 건강 관리의 중요성을 다시 한 번 되새긴다. 이렇게 우리는 언젠가부터 '부자＝선진국＝성공적인 건강 관리＝잘사는 삶'이라는 도식을 가지게 되었다.

하지만 이 도식이 최근 약간의 틈을 보이고 있다. 이 도식이 쉽게 깨지긴 어렵겠지만 적어도 의심을 받는 것은 사실이다. 실제로 이 도식의 모델이었던 유럽과 미국이 코로나19라는 신종 전염병 앞에서 무기력한 모습을 우리 눈으로 확인하고 있다. 물론 이 도식을 주도해 왔던 세력들은 끝까지 자신들의 도식이 여전히 옳다고 믿고 '백신과 치료약'이 나오기만을 기다리고 있다. '백신과 치료약'이 나오면 과거의 생활 패턴은 회복될 것이다. 하지만 이것은 니체가 경고하는 바로 그 믿음, 즉 '건강 그 자체가 있다'라는 신념이 또다시 강화되는 것이다. 하지만 이 신념에 대해 니체는 '비참한 실패'를 예고했다. 그렇다면 '건강 그 자체는 없다!'는 니체의 선언을 오늘 우리는 어떻게 받아들여야 할까? 더불어 니체가 던져 준 '무수히 많은 건강이 있다'라는 명제는 또 어떻게 실천해야 할까?

　'건강 그 자체가 있다!'는 믿음은 일종의 신화이다. 그러니 이제 우리는 있지도 않은 건강을 정의하고, 그것을 관리하는 데 삶의 많은 에너지를 사용하는 패턴을 근본적으로 돌아볼 필요가 있다. 왜냐하면 "건강만을 위한 의지라는 것은 편견이나 비겁함이 아닌 아마도 매우 민감한 야만이나 퇴보의 일종은 아닌지에 대한 커다란 의문은 여전히 남아 있"{니체, 「영혼의 건강」, 『즐거운 지식』, 180쪽}기 때문이다. 니체의 이 말을 증명하는 것은 어렵지 않다. 오직 건강만을 위해 살아가는 사람들의 일상을 살펴보자. 우리 주변에 '성공은 건강 관리에서 온다'라는 생각을 하며 철저한 건강 관리를 위해 애쓰는 사람들이 많다. 이들은 결국 두 부류로 나누어진다. 한 부류는 건강한 삶을 제1의 가치로 추구하면서 일상의 많은 것들은 놓쳐 버리고 그저 '정상 혈압', '정상 체중', '동안' 등을 자랑스러워하며 살아가는 사람들. 다른 한 부류는 건강에 좋다면 안 해본 것이 없는데도 어느 날 갑자기 찾아온 질병과 늙음을 원망하며 살아가는 사람들. 한 부류는 건강 관리에 성공한 사람들이고, 다른 한 부류는 건강 관리에 실패한 사람들이다. 하지만 이들 둘다 자신의 일상의 가치, 나아가 삶의 가치를 잃어버리기는 마찬가지이다. 건강 관리 기준을 통과하고 남은 것은 무엇이고, 잃어버린 것은 무엇인가를 생각해 보면 된다. 성공했든 실패했든 그 기준을 통과하기 위해 애쓴 만큼 우리는 '일상이 사라진 건강', '존재가 왜소해진 건강', '생생(生生)하는 삶이 없는 건강'을 붙들고 살아왔을 가능성이 높다. 이들은 자신의 삶을 굳건하게 꾸려갈 앎(삶에 대한 지혜)이 결여된 경우가 많다. 앎(삶에 대한 지혜)을 배우고 익힐 기회와 철저한 건강 관리를 맞바꾼 경우가 많다. 이것을 건강한 삶이라 할 수는 없다. 이것은 건강과 삶이 분리된 신화를 붙들고 살아온 것이다. 이것을 붙들고 무엇을 할 것인가. 오래 붙들고 있으면 망상이 되기도 하고, 더 강하게 더 오래 붙들고 있으면 '건강 중독'이 되기도 한다.

건강해서 뭐 할라고

이제 우리는 건강한 삶이 무엇인지를 다시 물어야 한다. 삶을 왜소하게 하는 건강 관리가 아닌, 삶을 생성하고 확장할 새로운 지평의 건강이 필요하다. 니체는 건강에 대한 관심과 노력이 나의 삶을 갉아먹지 않기 위해서 '독특하고 비슷할 수 없음'을 허락하고, '정상적'이라는 말을 잊어버릴 것을 주문한다.

우리가 독특하고 비교할 수 없는 것이 그 머리를 다시 들도록 허락하면 할수록, 또한 '인간의 평등'이라는 도그마를 버리면 버릴수록 질병의 정상과정이 정규적 식이요법과 함께 '정상적' 건강이란 개념은 의사들에 의해 더욱더 포기되어져야만 한다.(니체, 「영혼의 건강」 『즐거운 지식』 180쪽)

건강한 삶이야말로 비교 불가능한 것이 아닐까. 일상이라는 말, 삶이라는 말도 마찬가지가 아닐까? 삶이 그렇듯이 건강이야말로 나의 내부에서 내 힘으로 풀어 가야 하는 문제이다. 그것이 누군가 경험한 정형화된 것이 있고, 정의될 수 있는 것이라면 그것은 니체가 말하는 삶이 아니다. 삶이 아닌 것에 건강은 없다. 누구에게나 삶에는 경험해 보지 못한 무수히 많은 길이 있다. 건강 또한 마찬가지다. 아직 경험해 보지 못했고, 무엇이라 정의할 수 없기에 우리는 오늘 다시 일상을 살아가는 것이다. 우리에게는 오늘의 삶이 있듯이 오늘의 건강이 있을 뿐이다. 우리가 건강을 '관리하는 것이 아니라 사유한다'라고 말할 때 그것은 곧 삶을 대하는 태도와 같은 것이다. 건강이 지표화되고 수치로 관리가 가능하고 정상과 비정상이 있을 수 있다면, 그 건강은 삶과 함께하는 것이 아니다. 건강한 삶이 원래 있고, 이것을 성가시게 하는 병이 따로 있는 것이 아니다. 그러니 나는 무엇이든 잘할 수 있고, 멋진 놈인데 혈압(걱정) 때문에, 당뇨(걱정) 때문에, 비만(걱정) 등등 때문에, 일상에 필요한 것들을 미루거나 포기한다면, 그것은 잘못된 태도이다. 안타깝지만 우리 시대 '성공적인 건강 관리'를 삶의 중심에 놓는 대부분의 사람들이 이렇다. 정상적인 건강의 지표만을 붙들고 삶을 위해 아무것도 하지 않는 사람이 많다. 반면에 건강에 비정상적인 지표를 가지고도 일상을 굳건하게 꾸려 나가는 사람도 있다. 어느 쪽이 건강한 삶인가? 어느 쪽이 우리가 나아가야 할 '새로운 건강', '위대한 건강'일까?

사실 나는 4년 전 감이당에서 공부를 시작할 때, 오른손 엄지손가락 관절이 늘 아픈 상태였고 허리도 자주 아팠다. 감이당 공부는 온종일 앉아 있어야 했고, '주역'을 외우고 시험 치는 과정에서 수도 없이 읽고 쓰는 일을 반복해야 했다. 엄지손가락 통증 때문에 이 공부를 과연 지속할 수 있을지 몇 번이나 고민했다. 난 '손가락이 아파서 못한다고 할까?' 또 '감이당에 하루 종일 앉아서 공부하는 것은 허리에 좋지 않으니 공부 자체를 그만둘까?' 등의 고민도 했다. 하지만 그때 나는 건강을 철저히 관리하는 길을 선택하지 않았다. 당장 아파서 병원 갈 정도는 아니니 그냥 계속해 보기로 한 것이다. 다행히 통증은 그렇게 심해지지 않았다. 미리 알고 강도만 조정하면 견딜 만했기에 지금까지 왔다. 그렇다고 지금 통증이 사라진 것은 아니다. 하지만 나는 이 과정에서 중요한 생각의 변화를 겪었다. 질병과 통증, 그것이 무엇이든 그 자체를 나의 일상과 분리해서 생각하지 않는 습관을 가지게 된 것이다. 이 습관은 내 몸을 더 민감하게 관찰할 수 있는 감각을 키워 주었다.

　내가 당시 오직 건강만을 추구했다면 내 삶에서 '주역' 공부와 감이당 생활은 없었을 것이다. 내가 얼마나 나 자신에 대해 무지했으며, 내 삶을 꾸려 나가는 데 필요한 앎이 부족했는지도 모른 채 지금까지 살아왔을 것이다. 다행히 나는 당시 그 길을 선택하지 않았기에 내 삶을 굳건하게 하는 데 필요한 앎을 이렇게 익힐 수 있게 되었다. 이제 나는 그 어떤 건강도 삶과 맞바꿀 수는 없다는 것을 알았다. 건강도 병도 내 삶 속에 있는 것이다. 건강도 내 몸과 내 삶에서 함께하는 것이고, 병도 내 몸에서 내 삶과 함께하는 것이다. 몸과 삶을 벗어난 건강과 병은 없다. 건강도 병도 일상의 삶 속에 품을 수 있는 것이 진정 건강한 삶이다. 그러면 우리는 예전보다 더 강하고 더 질기고 더 능란하고 더 대담한 태도로 삶에 임할 수 있을 것이다.

2. 삶의 자양분이 되는 습관 만들기

우리가 먹고, 자고, 입는 것에서부터 생각하고 여행을 떠나는 것
까지 습관이 아닌 것이 없다. 그러니 이렇게 말해도 된다. '우리
는 습관으로 살아간다!' 인간이라면 누구나 계획된 학습에 의한
것이든, 전통에 의한 것이든 '습관'이라고 하는 것을 가지게 된다.
잘 계획된 학습과 좋은 전통을 통해 좋은 습관을 형성하는 것이
좋은 삶을 살아가는 데 중요하다고 믿는다. 건강의 좋고 나쁨, 공
부를 잘하고 못하는 것, 세상 일이 잘되고 못되는 것뿐만이 아니
라, 기쁨과 슬픔과 같은 감정 또한 습관의 영향을 많이 받는다. 좋
은 습관은 삶을 윤택하게 하지만, 나쁜 습관은 삶을 힘들게 할 수
도 있다. 그러니 삶에서 습관은 매우 중요한 것이며, 습관을 바꾸
면 삶도 달라진다. 모두가 좋은 습관은 갖고 싶어 하고, 나쁜 습관
은 버렸으면 한다. 하지만 갖고 싶은 습관은 잘 형성되지 않고, 바
꾸고 싶은 습관은 잘 떠나지 않는다. 갖고 싶은 습관은 너무 멀리
있고, 버리고 싶은 습관은 나에게서 떨어져 나가지 않는 이 답답
함! 이 답답함에서 빠져나올 길이 없을까?

삶을 정체시키는 습관들

나는 영속적인 습관들을 미워한다. 마치 폭군이 가까이 다가온 것 같은 느낌이다. 영속적인 습관이 필연적으로 발생할 수밖에 없다고 보여지는 사태에 있어서도 나는 내 신변의 공기가 두터워진 것처럼 느낀다──예를 들어 관직(官職)이나, 똑같은 인간들과 늘 얼굴을 마주해야 하는 것, 일정한 장소에의 주거, 변함없는 건강 등에서이다.(니체, 「간결한 습관」, 『즐거운 지식』 245쪽)

우리가 좋은 습관을 가지려 애쓰는 이유는 그것이 성장하는 삶, 발전하는 삶을 만들어 줄 것이라는 믿음 때문이다. 그리고 이것을 우리는 성공적인 삶이라 부르고 있다. 우리 시대 성공한 사람들을 나타내는 대표적인 지표들이 있다. 예를 들어 자식을 열심히 공부시켜 좋은 대학에 보내고, 공무원이 되거나 대기업에 들어가고, 아니면 무슨 사(士)자가 들어가는 일을 하고, 더 열심히 노력하여 높은 지위에 오르고, 많은 친구와 탄탄한 인맥이 있고, 가족의 안락한 생활을 보장할 안정된 주거공간이 있고, 각종 지표를 통과한 수치들로 채워진 건강 상태를 가지는 것 등이다. 그 결과가 좋으면 자신의 삶 또한 성공적이라 만족하고 때론 자랑하며 살아간다. 공부를 하고, 일을 하고, 사랑을 하고, 여가를 즐기는 모든 것은 이것을 성취하기 위해 하는 행위라 생각한다. 우리 시대 중산층들이 자식 교육에 쏟아붓는 열정과 문화적 경제적 투자, 그 결과 나름 성공한 사람들이 이후 살아가는 태도가 이러한 패턴을 잘 증명하고 있다. 계층을 달리하더라도 이들의 마음만은 같은 곳을 향하고 있기에 결국 모두가 성공적인 삶을 보장하는 영속적인 습관을 갖기를 원하고 있다.

다른 한편 이 길에서 낙오한 사람들이 있다. 이들은 영속적인 습관을 갖지 못했고, 그 결과 성공적인 삶이라고 내세울 만한 것이 없는 사람들이다. 이들은 공부에서, 일에서, 사랑에서, 관계에서, 그 의욕마저 잃어버린 사람들이다. 하지만 이들에게도 습관은 있다. 이들은 '아무 습관 없이, 즉흥적인 삶'을 살아간다. 니체는 이 습관 또한 경계한다. 니체는 아무 습관 없이 살아가는 삶은 '시베리아행'이 될 것이라고 경고한다. 이들이 살아가는 하루하루는 무겁고 자신을 고갈시키는 삶이 될 것이다.

'영속적인 습관'과 '아무 습관 없는 생활', 이 둘의 공통점은 무엇일까? 이들에게 삶은 정체되어 있는 것이고, 자신의 에너지를 오늘에 집중하기보다는 과거와 미래에 종속시킨다. 그러니 이들에게는 오늘이란 늘 힘들고 지루하고 무거운 짐이다. 미래의 목적을 위해 현재를 희생하고 유예하는 삶을 살아가는 것이나, 아무런 목적 없이 언제나 즉흥적으로 살아가는 것이나 오늘의 일상에 집중하지 못하기는 마찬가지이다. 이들은 마음을 다해 오늘의 일상을 가꾸어 가는 일에는 늘 소홀하다. 대신 이들은 과거를 원망하거나 미래를 지나치게 낙관 혹은 비관하며 살아간다. 이들에게 오늘은 빨리 지나가야 하는 것, 아니면 지루하고 따분함을 그저 견디는 것 이상의 의미는 없다. 바로 니체가 싫어한 습관들이다.

삶의 자양분이 되는 간결한 습관

그렇다면 생(生)철학자 니체가 사랑한 습관은 어떤 것인가. 니체는 자신의 삶을 생생(生生)하게 만들어 가는 습관으로 '간결한 습관'을 말한다.

> 나는 간결한 습관을 사랑한다. 아울러 이 간결한 습관들이 많은 사물과 그 상태——그들의 달콤함과 쓰라림의 저 밑바닥까지——를 알게 해주는 더없이 귀중한 수단이라고 여기고 있다. (……) 지금 이 간결한 습관은 밤낮으로 나에게 자양분을 주며, 주위의 모든 것에 깊은 만족을 나누어 주고 있다. 또한 내 속 깊이 스며들어 있음으로 해서 나는 비교할 것도, 경멸할 것도, 증오할 어떤 것도 갖고 있지 않으며 아무것도 원하지 않는다. 그러나 언젠가 이러한 습관이 끝날 날이 올 것이다. 이 좋은 간결한 습관들은 나로부터 떠날 것이다. 나를 구토스럽게 하는 것이 아니라, 평화스럽게, 나도 그것에 만족하고 그 역시 나에게 만족하는, 말하자면 우리 서로 감사하는 입장에서 마치 이별할 때 악수하는 것처럼 그렇게 말이다. 그

후, 새로운 것은 나의 신념에 따라 이미 문밖에서 기다리고 있을 것이며, 나는 똑같이 이 새로운 것을 바른 것, 최후의 바른 것이라고 믿는다—현명함과 어리석음의 이 끊임없는 되풀이.(니체, 「간결한 습관」, 「즐거운 지식」 244~245쪽)

누군가 나에게 왜 니체를 읽느냐고 묻는다면 읽어 주고 싶은 글이다. 그만큼 나를 많이 돌아보게 한 글이다. 나는 이 글을 수없이 읽었고, 언젠가 니체 세미나를 홍보하는 문구로 활용하기도 했으며, 때때로 암송을 하는 문구이기도 하다. 돌아보면 나 또한 '영속적인 습관'을 위해 살아왔다. 아니, 이 습관은 오늘 우리가 살아가는 문명이 모두에게 강요하는 것이다. 니체는 일찍이 영속적 습관으로 향하는 현대인들의 생활패턴과 문명이 가지는 문제를 간파했고, 이를 사유했으며, '간결한 습관'이라는 새로운 길을 열었다. 그리고 그 길이 '위대한 건강의 길'이자 '위대한 긍정의 길'임을 호소했다.

나는 니체를 읽고 쓰는 활동을 통해 '영속적인 습관'이라는 강요된 길에서 빠져나오고 있다. 나는 우리 사회에서 일반적으로 말하는 세상의 일(직업)을 남들보다 조금 빨리 그만두게 되었다. 일종의 영속적인 습관에서 강제로 빠져나오게 된 것이다. 니체를 만나기 전에 나는 솔직히 '내가 왜 이 자리에서 밀려나야 하지?'라는 생각을 했고, 때론 원망과 분노의 마음도 있었다. 하지만 니체를 읽고 쓰면서 나에게 역겨움을 일으켰던 많은 사건들은 하나씩 다르게 다가오기 시작했다. 과거의 공부도, 일도, 만나던 사람들도, 내가 살던 지역도, 심지어 나의 취미 활동도 새로운 의미로 다가오기 시작했다. 예전에 내가 가진 생각의 틀을 유지했었다면 원망과 자책의 마음에 머물러 있었겠지만, 지금 나는 그렇게 머물러 있지 않다. '뜻밖에 맺어진' 새로운 인연들이 나를 기다리고 있었기에 원망을 오래 할 시간은 없었다. 새로운 의미로 다가온 공부를 하기에 바빴고, 새롭게 맺어지는 관계 속에서 나의 일상은 오히려 과거보다 더 활기차게 굴러갔다.

요즘 나는 누구를 만나든 지금 내가 하는 공부가 이야기의 주제가 되는 일이 많다. 가족과 친구들과 함께 산책하고 여행하고 식사하는 시간도 과거보다 훨씬 많아지고 있다. 물론 대구와 서울을 오가며 하는 공부가 이 모든 활동의 중심이자 에너지원이다. 계속 어떤 고정적인 직업을 가졌다면 경험할 수 없는 삶의 풍경이다. 예전에도 공부의 세계에 있었지만, 그땐 솔직히 공부할 것이 별로 없었다. 시간도 시간이지만 내 관심의 폭이 좁으니 이걸 왜 공부하지, 이미 다 아는 것 아닌가, 이걸 봐서 뭐 하나 등의 생각이 들어 공부가 자꾸 지겹고 시시해졌다. 그만큼 내 사유는 좁고 굳어져 있었다. 그만큼 내 삶은 상투적이고 진부한 패턴에 지배당하고 있었던 것이다. 하지만 지금은 어디서 그렇게 공부할 것이 많이 나오는지 모르겠다. 했던 것을 또 해도 새롭다. 이것이 고전을 공부하는 이유라고 이곳 감이당에서는 말한다. 그만큼 나의 사유가 말랑말랑해지고 있는 증거일 것이다. 우리의 사유를 상투적이고 딱딱하게 하는 공부가 아니라 말랑말랑하게 하는 공부를 할 수 있다면 각자의 삶에 많은 변화가 있을 것이다. 그것은 과거의 습관을 떠나보내고 새로운 습관을 맞이하는 힘을 키우는 일이다. 그것은 오늘에 집중하는 힘이고, 순간에 집중하는 힘이다. 니체는 말한다. 모든 습관은 시효가 있는 것이고, 그것을 떠나보내면 새로운 것이 나를 기다리고 있을 것이라고! 그것도 평화롭게, 늘 옳은 상태로!

'오늘'을 온전하게 살아가는 힘

누구에게나 삶의 전환점이 있고, 이때마다 자신의 습관을 바꾸고 싶어 한다. 하지만 이것이 마음대로 잘되지 않는다. 니체의 말처럼 '평화롭게', 그리고 '서로 감사하며' 과거를 떠나보내고 새로운 현재를 맞이하기가 어려운 것이 엄연한 현실이다. 이제 중년에 접어든 친구들의 삶이 이를 잘 말해 준다. 일부는 여전히 영속적인 습관에 붙들려 있으며, 일부는 아직도 아무런 습관 없는 삶을 살고 있다. 그러면서 늘 '오늘 뭐 재미있는 일이 없을까?'를 고민하며 이곳저곳을 기웃거린다. 영속적인 습관이라 할 만한 대부분을 갖추었는데 갑자기 공황장애나 우울증이 찾아와 아무것도 할 수 없는 삶이 되거나, 그런 습관을 갖지 못해 늘 아무것도 할 수 없다고 생각하며 살아가는 삶들이 참 많이 보인다. 공부를 하는 이곳 감이당에서도 마찬가지이다. 많은 사람들이 공부와 관련하여 또 영속적인 습관을 갖길 바란다. 그러다 이것에 실패하면 곧 아무것도 하지 않는 상태로 돌아간다. 니체의 관점에서 본다면 공부는 했지만 각자의 '오늘'에 집중하는 힘을 키우지 못한 결과로 보인다. 이들 모두에게 새로운 습관이 필요하다. 하여, 나는 이제 말할 수 있다. '습관은 흐른다!' 이 금언은 영속적인 습관을 가진 사람들, 혹은 아무런 습관을 갖지 못한 사람들 모두에게 중요하다. 심지어 새로운 습관을 형성하는 공부를 하고 있는 나도 예외가 아니다. 중년이든 청년이든 노년이든 유년이든, 세상이 제시한 습관을 가졌든 그렇지 않든, 새로운 습관을 형성하기 위한 공부를 하고 있든 그렇지 않든, 습관이 자신의 삶을 정체시키고 위축시키도록 내버려 둬서는 안 된다. 살아 있는 습관은 흐른다. 흐르는 습관만이 삶에 활기를 준다. 삶에 활기를 주는 습관이 오늘을 사유하는 힘을 키운다. 오늘을 온전하게 살아가는 일상만이 내가 겪게 되는 수많은 사물과 상태를 '간결한 습관'으로 만들 수 있다.

3. 동정, 약자들의 힘자랑

고통보다 강한 동정

당사자는 그저 자신의 현실일 뿐인데, 주변에서 난리인 경우들이 많다. 우리 사회에서는 대학 진학과 결혼 등이 대표적이다. 자기 능력과 진로를 고려해 대학을 가서 공부하면 되는 것이고, 평생을 함께하고 싶은 사람이 있으면 그때 결혼하면 되는 것이다. 삶의 한 과정이어야 할 일에 우리는 너무 호들갑을 떨고 있다. '대학을 (잘)못 간 아이', '결혼을 못한 아이', "이 아이들을 어찌할꼬? 쯧쯧!" 당사자가 아닌 주변 사람들이 그 호들갑의 주인공들이다. 자기 일도 아닌 일에 왜 이리 난리일까?

동정이 실제 고통보다 더 괴로울 때가 있다. 예를 들어 우리는 친구 가운데 한 사람이 어떤 수치스러운 일을 저지르면 우리 자신이 직접 그 일을 했을 때보다 한결 고통스럽게 느낀다.{니체, 「동정은 고통보다 괴롭다」 『인간적인 너무나 인간적인』 58쪽}

'고통보다 강한 동정!' 니체는 동정이 고통보다 더 강하다고 말한다. 그 예로 우리는 '수치스러운 일을 저지른 친구보다 주변에서 느끼는 고통이 훨씬 큰 세상'을 살아간다고 말한다. 잘 동의가 되지 않는가? 그렇다면 친구를 '자식'으로 바꾸어 읽어 보자. 자식이 공부를 못하면, 공부 못하는 당사자는 별로 심각하지 않은데 엄마·아빠가 더 상처받는 경우들이 많다. 특히 대학 진학을 위한 원서 작성과 몇 달 후 합격자 발표 시기가 되면 수험생 당사자의 한숨 소리보다 부모의 한숨 소리가 더 크다. 이는 공부뿐만 아니라, 자식의 취업과 결혼에서도 이어진다. 이 한숨은 손자·손녀의 공부, 취업, 결혼에 이르기까지 끝이 없다. 당사자는 잠시 아쉽거나 슬퍼하다 말 일이고, 이 일로 자존심이 상하거나 마음에 상처를 입지는 않는다. 심지어 왜 주변에서 '더 난리를 부리지?'라는 의문을 품기도 한다. 철이 없어 그렇다고 말하고 싶겠지만, 그렇지 않다. 당사자는 자신의 현실을 그대로 받아들이고 그만큼만 고통스러우면 끝이다. 그리고 또 현실을 살아간다. 하지만 이 고통을 '동정'이라는 감정으로 상상하는 주변인들은 없는 고통도 만들어 낸다. 그래서 무슨 큰일이나 난 것처럼, 곧 죽을 듯이 호들갑을 떠는 것이다.

니체는 이런 우리의 마음을 놓치지 않았다. 니체는 우리의 내면으로 파고들어 그 감정의 민낯을 드러내 보여 준다. 니체는 동정에 대해서 늘 부정적이었다. 동정은 한편에서는 자신이 우월하다는 의식에 갇힌 행위라는 것이다. 자신이 누구보다 우월하다고 생각할 때 자주 동정의 감정이 일어난다. 자기의 가족이 한 치의 흠도 없이 완벽해야 한다고 생각하는 엄마·아빠들, 특히 자신이 공부도 잘하고, 취업도 잘하고, 지금까지 가족들을 위해 희생하며 돈도 잘 벌어 온 잘난 부모들일수록 이러한 감정은 더 크다. 자신이 승승장구한 만큼 자연히 자식들도 그래야 한다고 생각한다. 하지만 현실은 그럴 수가 없다. 인간의 욕심이란 아무리 잘해도 기대에는 미칠 수 없기에 기대가 큰 만큼 절망은 필연적이다. 이들은 또 자식의 삶을 자신이 다 조정할 수 있어야 한다는 생각에 빠지기 쉽다. 그러니 늘 걱정에 빠져 살고, 일이 뜻대로 잘되지 않으니 수시로 좌절감에 사로잡힌다. 이제 호들갑은 서운함으로 변하고, 이것이 누적되면 우울증에 걸리기도 한다.

나도 세상을 괴롭힐 정도의 힘은 있어!

'동정'의 마음은 자신이 늘 옳다고 믿는 사람들 혹은 가까운 누군가에게 뭔가를 해 주어야 한다는 책임감(?)이 강한 사람들만의 문제가 아니다. 반대로 자신이 원하는 바를 얻기 위해 타인의 동정심에 호소하는 경우들도 문제는 많다.

차라리 어린이들을 관찰하는 것이 좋겠다. 그들은 동정을 '바라고' 울부짖으며 자신들의 상태가 눈에 띌 순간을 기다린다.

환자나 우울증에 걸린 사람과 사귀면서 그 능란한 호소, 흐느낌, 불행의 과시가 결국은 사람을 '괴롭힌다'는 목표를 추구하는 것이 아닌가 자문해 보는 것도 좋겠다. 사람들이 그때 표현하는 동정이 약한 자나 고민하는 자에게 하나의 위안이 되는 까닭은, 그들이 모든 면에서 쇠약해져 있음에도 여전히 '힘 있는 자를 괴롭히는 힘'을 가지고 있다고 인식하기 때문이다. 불행한 사람은 동정의 입증이 그에게 깨닫게 하는 우월감으로 어떤 쾌감을 얻는다.

자신은 아직도 세상에 고통을 줄 만큼 중요한 사람이라는 그의 자만심이 커진다.(니체, 「동정을 자아내려 하는 것」, 『인간적인 너무나 인간적인』 60쪽)

한편에서는 자신의 존재감을 확인하기 위해 '하지 않아야 할 걱정'을 하는 사람들. 다른 한편에서는 존재감을 억지로라도 인정받고 싶어 '남을 괴롭히는 것'으로 자신의 힘을 확인하는 사람들. 이들은 모두 세상을 향해 '나는 약자로소이다!'를 고백하는 것이다. 어린 시절 원하는 것을 얻기 위해 부모님 눈치를 보면서 울어 본 기억이 있을 것이다. 그러다 안 되면 할머니에게 눈을 돌리고, 이때 이웃에 사는 가까운 친척 어른이 와 주면 참 좋다. 이들은 내 편을 들어 줄 것이 확실하기에. 어른이 된 지금, 이제 여든이 넘고 아흔이 다 된 부모님들을 뵐 때면 "이분들은 겨울 난방

비를 왜 이렇게 아끼시지?", "노인들은 왜 하나같이 전기장판에 이불을 두르고 계실까?", "옷도 실제 형편보다 남루하게 입고 있다". 부모님 집에 다녀온 주변 사람들의 공통된 이야기이다. 한편으로 모두가 가난하고 힘들었던 시절을 겪어 오면서 자연스럽게 형성된 습관이라 이해도 해 보지만, 여전히 왜 이런가 싶다!

니체의 눈에 이런 일은 특별한 것은 아니다. 그는 우리 인간이라는 존재는 솔직히 이런 정도라고 진단한다. '울거나 소리침'으로써 자신의 존재를 인정받고 원하는 것을 얻어 내려는 것이 인간이고, 당신의 자식이 당신을 보며 안타까워하고 마음 아파하는 모습을 보면 조금이나마 위안을 받는 정도의 존재가 인간이라는 것이다. 그저 인간이 힘을 발현하는 방식일 뿐이다. 참 어리석어 보이지만 우리 인간은 이렇게 살아간다.

하지만 이것으로 끝이 아니다. 세상에서 쓸 만한 힘이 조금이라도 있는 사람은 세상을 시끄럽고 성가시게 하는 것으로 만족해하는 경우들도 참 많다. 이들은 남을 성가시게 하고 상처 입히는 것을 즐거움의 원천으로 삼는 사람들이다. 그리고 이들은 대부분 사교적인 대화에 능숙한 사람들이다. "사교적인 대화에서는 모든 질문과 대답의 4분의 3이 상대편을 조금이라도 괴롭히기 위한 것이다. 그런 이유 때문에 많은 사람들은 무척이나 사교를 갈망한다. 사교는 그들에게 자신의 힘을 느끼게 해 준다. 악의가 판을 치는 이같이 무수한, 그러나 아주 적은 양의 약으로서 사교는 삶의 강력한 자극제다."[니체, 「동정을 자아내려 하는 것」, 『인간적인 너무나 인간적인』, 60~61쪽] '남의 괴로움은 내 삶의 자극제이다!' 누가 그렇지 않다고 말할 수 있을까. 사교적인 대화 과정에서 상대가 주눅 들거나 자신을 부러워하는 모습이 보이면 인간은 삶의 강력한 자극제를 얻는다. 오늘날 세상을 판치는 각종 SNS의 사진들이 이를 잘 말해 준다. '나는 요렇게 꾸며서 요렇게 생겼어', '나는 요런 걸 먹고 있어', '나는 이런 데 와서 이렇게 놀고 있어!' 이름만 다르지 모두 비슷한 모습, 비슷한 표정, 비슷한 공간, 비슷한 음식으로 드러내는 존재감이다. 이렇게 우리는 쾌감을 자기 외부에서 억지로 만들어 가면서 살아가고 있다.

이렇게 생겨난 쾌감은 이 정도에서 그치지 않는다. 쾌감은 점차 그 강도를 더해 간다. 쾌감이 강도를 더해 갈수록 인간은 남을 괴롭히고 세상을 시끄럽게 만들고 주변을 성가시게 만드는 일에 빠져들게 된다. 이들은 이제 "악한 일을 하는 쾌감 때문에 악한 일을 하는"[니체, 「동정을 자아내려 하는 것」, 앞의 책, 61쪽] 늪에 빠지는 지경에 이르게 된다. 우리는 이런 한탄을 자주 한다. '인간의 탈을 쓰고 어떻게 저런 일을 할 수 있지?', '짐승도 저런 일은 하지 않지!' 이들의 마음에 무엇이 있을까? 니체는 인간이 이런 일을 하게 되는 근원에 쾌락의 마음이 자리하고 있음을 관찰한다. 우리는 어떤 개인이나 집단이 자신들의 범죄가 세상을 떠들썩하게 만들수록 더 쾌감을 느끼고, 거기서 자신들의 힘을 과시하면서 우월감을 느끼는 경우들을 많이 보아 왔다. 지금도 마찬가지가 아닐까? '코로나19' 사태라는 전 세계적 위기 상황에서 '왜 꼭 저렇게까지 모여 기도를 해야 하는지?' 아무도 이해할 수 없는 일이 벌어지고 있다. 이들의 목적은 우리가 아는 기도 자체가 아닐 것이다. 이들에게는 하지 말라는 일을 하는 것이 쾌감이 되었고 자신의 존재감을 드러내는 방식이 되었다. 이들은 분명 힘을 발현하는 방식이 잘못되었다.

진정 '힘'을 발현하고 싶다면

니체는 '심리학적 고찰'을 통해 우리가 가진 '도덕적 감각의 역사'를 하나씩 밝힌다. 니체의 관찰을 대할 때마다 조금은 당황스럽고, 부끄럽다. "나는 아니다!"라고, "나는 예외다!"라고 말하고 싶지만, 니체는 단호하게 우리는 모두 이렇게 살고 있다고 말한다. 그러니 나는 이런 존재가 아니라고 부정할 것이 아니라, 스스로 그런 존재임을 볼 수 있는 힘을 키우는 것이 절실하다. 이 현실을 직시할 수 있을 때 우리는 자기 자신을 약자에서 강자로 전환할 수 있다. 니체는 인간이 '자신의 힘을 발현하면서 사는 삶'을 살기를 원했다. 니체 철학의 핵심인 '디오니소스', '위버멘쉬', '힘에의 의지'는 인간이 자신의 삶에서 발현하는 힘의 문제이다. 진정 힘을 발현하고 싶다면 약자의 힘자랑에 그치는 동정의 마음을 스스로 관찰할 수 있어야 한다. 니체는 "동정은 병일 뿐이다"(니체, 「우울증」, 『인간적인 너무나 인간적인』, 59쪽)라고 말한다. 동정의 마음은 스스로의 힘을 고갈시키고, 모두에게서 건강하고 명랑한 삶을 훈련할 기회를 박탈(당)할 뿐이다. 동정은 개인의 차원에서든, 공동체의 차원에서든 건강에 해롭다. 동정은 병일 뿐이기에 그것은 건강한 삶을 위해 반드시 치료되어야 한다.

그러니 이제 우리는 타인을 향해 자신의 힘을 발휘하는 '호소'나 '사교' 대신 자신을 향해 힘을 축적하고 발현하는 '고독'과 '침묵'에 빠져 보자. 혼자 빠지는 고독과 침묵은 위험하지만, 니체라는 사상가를 따라 빠지는 고독과 침묵은 자기 성숙으로 가는 길이 될 것이다. 자기 성숙을 위한 첫걸음은 타인을 향한 시선을 자기에게로 옮겨 오는 것이다. 이 길은 그동안 약자들의 힘자랑을 위해 애썼던 것들을 하나씩 버리는 과정이다. 동시에 강자가 '힘'을 발현하는 방식으로 전환하는 것이다. 강자들은 자신의 힘을 우월감에 빠져 자랑하거나 남에게 억지로 호소하지 않는다. 강자들은 자신과 세상을 위해 힘을 축적하고 온전히 쓸 뿐이다.

4. 공정성, 너 또한 극복의 대상일 뿐!

'공정성'이라는 금언을 품고

나에게 오래된 '금언'이 하나 있었다. 늘 마음속에 품고 있었고, 어떤 일이 있어도 이것만은 놓지 않아야겠다고 생각했다. 내 삶을 지키는 나름의 윤리였다. 그 금언은 이렇다. "내부 그룹에서는 '솔직함'을! 사회적 차원에서는 '공정성'을!"

'솔직함'과 '공정함', 이 둘은 20대 후반 이후 나의 삶을 이끄는 원칙이었다. 이는 대학원 진학 후 만난 선생님을 중심으로 형성된 우리 그룹의 공통 비전이기도 했다. 함께 공부하고 삶을 살아가는 동료, 가족, 그리고 나와 우정을 나눌 수 있는 친구 그룹에서는 '솔직함'을! 이 금언은 지금껏 니체를 읽어도 크게 흔들리지는 않았다.

하지만 니체 읽기가 거듭될수록 그동안 내가 금언으로 가지고 있었던 '공정성'은 흔들리기 시작했다. 내가 '공정성'을 금언으로 삼게 된 이유는 '나의 공부와 삶이 세상을 조금이나마 공정하고 공평하게 하는 데 도움이 되었으면 하는 마음'에서였다. 이것

은 나만의 금언이라기보다는 당시 내가 속해 있었던 그룹의 공통
금언이기도 했다. 구성원들은 초·중등학교 교사와 나처럼 대학
에서 공부하고 강의하는 사람들이 대부분이었다. 우리 멤버들은
'공교육'의 정신을 누구보다 강조했고, 그 정신이 각자의 현장에
서 잘 실현될 수 있도록 실천하려고 노력했다. 일부는 '입학사정
관'이 된 사람들도 있었는데, 이들도 '사회적 교환가치의 증대'와
'서열화된 사회 질서 유지'를 위한 도구로 기능하는 대학 입시 제
도를 '공적인 가치'로 그 방향을 바꾸어 보려 노력했다. 각자의 현
장에서 '공공의 가치', '공평한 기회', '모두에게 무대를 제공하는
교육' 등이 실현되길 간절히 원했고, 이를 위해 필요한 공부와 실
천을 위해 애썼다. 우리는 이렇게 배우며 실천하는 삶이 옳다고
배웠고 또 그렇게 열심히 살았다.

'공정성'이라는 겉모습에 반했던 나

나에게 '공정함'이란 무엇이었을까? 당시 나는 '사회 계층, 지
역, 남녀, 종교' 등에 제약받지 않는 교육기회, 나아가 과정과 결
과까지도 공평하고 공정한 교육을 실현하는 것을 삶의 목표로 삼
았다. 이를 위해 필요한 제도를 연구하고, 정책을 제안하기도 했
으며, 때론 직접 현장에서 이런저런 직책을 맡기도 했다. 또 그 과
정에서 그것이 크든 작든 내가 남을 짓밟고 어떤 것을 취하거나
누리지는 않겠다는 것을 마음속에 늘 품고 살았다. 이런 나의 태

도를 스스로 좋아했고, 나름 자부심도 있었다. 이런 사람들을 존중했고 나도 그런 사람으로 존중받고 싶었다. 나와 같은 부류의 사람들은 비이기적인 사람이라 평가하고, 그렇지 않은 사람들은 자기만 아는 이기적인 사람으로 여겼다. 이런 나의 태도에 대해 의심하지 않았다. 우리가 공적인 가치를 실천할 역량이 부족한 것이 문제이지, 그 자체가 틀렸다고 생각하지는 않았다. 하지만 니체는 이런 나의 견고했던 생각에 금을 내기 시작했다.

> 인간이 지적 습성에 따라 공명 정대한 행위와 본디의 목적을 '잊고' 말았기 때문에, 특히 수천 년 이래 아이들은 이와 같은 행위를 찬탄하고 본받도록 교육받았기 때문에, 점차 공정한 행위가 비이기적인 행위인 것 같은 겉모습이 형성된 것이다. 그러나 공정한 행위를 존중하는 것은 이 겉모습 때문이다. 그리고 이 존중은 다른 존중과 같이 계속 커지기만 한다.{니체, 「공정성의 기원」 『인간적인 너무나 인간적인』 76쪽}

내가 공부하는 이유는 이 공적인 가치를 더 잘 알고 이를 세상에서 실천할 역량을 키우기 위해서였다. 우리가 함께 모여 공부하고 일하는 이유 또한 하루라도 빨리 그 방법을 찾아내야 했기 때문이다. 이렇게 우리는 공부를 했고, 세상에 나가 일을 했다. 점차 우리가 만들어 가는 이상은 커져 갔고, 이상이 커져 갈수록 우리는 더욱 헌신적으로 노력했다. '△△위원회'의 위원이 되기도 했고, 어떤 조직의 장이 되기도 했으며, 이에 덧붙여 각종 정책 연구 과제를 수행하느라 다들 정신없이 바쁘게 살았다.

하지만 시간이 흐를수록 일은 힘들어졌고, 내가 속한 조직과의 갈등도 커지기 시작했다. 그러던 어느 날 나에게 역겨움이 몰려 왔고, 나는 이 현장에서 밀려나게 되었다. 나는 한동안 약간 멍한 상태였지만, 다행인 것은 마음에는 있었지만 세상에서 일을 하느라 그동안 하지 못했던 지금의 공부를 하게 되었다는 것이다. 그 과정에서 만난 니체! 그는 나의 이 원인 모를 역겨움을 풀어 가는 계기가 되었다.

니체는 '공정함'이라는 말에 빠져 있는 나 같은 사람들을 향해 그것의 '겉모습'에 반한 사람들이라 했다. 실제로 나는 공부를 하면 할수록, 일을 하면 할수록, 우리만 옳고 다른 사람들은 틀렸거나 자기만 아는 사람들로 보였다. 우리는 세상을 위해 이렇게 사심 없이 열심히 공부하고 일하는데, 다른 사람들은 자기 이익만 생각하는 사람으로 보였다. 우리의 이상에 동의하고 헌신하는 사람들의 수고와 노력은 너무너무 중요하며, 우리와 함께하지 않는 사람들은 속물로 여겼다. 이들은 함께할 수 없는 사람들이라 생각했다.

'공정성'의 속살을 보다

한동안 나를 힘겹게 했던 '역겨움!' 하지만 그것이 영원하지는 않았다. 역겨움은 나에게 과거와 결별하고 새로운 앎과 삶을 만나는 계기가 되었다. 물론 '니체'를 비롯한 새로운 공부가 있었기에 가능했다고 생각한다. 비위가 약한 사람이 느끼는 것이 역겨움이기도 하지만, 강한 위장과 소화력을 강조하는 니체가 말하는 역겨움은 그것과는 다르다. 니체는 생명의 저 깊은 본성에서 뭔가 새로운 것이 생성될 때, 느끼는 역겨움을 말한다.

나의 경우를 보면 과거 내가 헌신했던 공적 가치는 공정성의 '속살'이 아니었다. 이 정도 개념으로는 '공정함'이라는 것이 인간의 삶으로 들어가 나와 공동체의 삶을 위대하고 건강하고 강하게 만들어 갈 수는 없다. 그것은 공정성의 겉모습 혹은 공정성에 대한 나의 착각이었다.

공정성(정당성)은 거의 '동등한 권력자' 사이에 그 기원을 둔다. 뚜렷이 인식할 만큼 우세한 힘이 존재하지 않고, 투쟁이 어떤 성과도 없이 손해만 입힐 경우에는 절충해서 서로의 요구를 협상하려는 생각이 든다. 공정성의 본디 성격은 '교환'의 성격이다. (……) 공정성은 거의 대등한 힘의 상태를 전제한 보상과 교환이다. 그러므로 복수도 본디 공정성의 영역에 속한다. 복수란 하나의 거래이다. 감사 또한 그렇다.(니체, 「공정성

나의 착각은 니체로 인해 깨지기 시작했다. 니체에 의해 벌어진 그 틈새로 나는 점차 공정성의 '속살'을 보게 되었다. 니체는 고대 사회의 전쟁과 경쟁(아곤)의 사례를 통해 공정성의 유래가 '교환'이었음을 밝힌다. 그것은 '거의 대등한 힘의 상태를 전제한 보상이며 교환'이었다는 것이다. 그리고 그 사례로 '복수'와 '감사'를 든다.

전쟁에 패한 국가는 복수를 위한 힘을 키우고, 또 이긴 국가는 상대의 복수를 늘 염두에 두고 힘을 키운다. 니체가 주목한 고대 사회에서는 공동체를 지키고 강화하기 위한 전쟁을 하지만 상대를 기본적으로 존중하는 태도를 버리지 않았다. 현대의 지극히 심리적인 자기 위안 혹은 정신승리법과는 달리 고대 그리스의 '복수'는 서로를 존중하는 기제였다. 복수를 위해 자신을 철저히 연마했다. 이런 의미에서 복수는 고대 사회에서 일종의 수신(修身)이었다. 그리고 지금도 올림픽과 같은 경쟁에서 볼 수 있지만 이긴 자와 패한 자 모두, 경기 후 서로에게 감사를 표한다. 간혹 그렇지 않은 경우가 있지만, 이는 즉시 비난과 웃음거리의 대상이 된다. 비슷한 힘으로 싸웠다는 것은 그 경쟁의 결과와 상관없이 자신의 힘을 키우는 계기가 되었기에 서로에게 감사해야 할 일이 맞다. 그러니 전쟁이든 경쟁이든 그것은 곧 남을 해치고 제압하고 박멸하는 것이 아니라, 자신의 힘을 상대와 동등하게 만들고 유지하는 과정이었다. 고대의 전쟁과 경쟁(아곤)은 상대를 해치는 것이 목적이 아닌 각자의 힘을 키우는 과정이었다.

'힘의 대등함'으로서의 공정성! 그것은 나의 힘을 키우는 것에서 시작된다. 하여 공정성은 이제 밖을 향하는 것이 아니다. 공정성은 나를 향할 때 진정 '공정함'일 수 있다. 비이기적인 것이 '공정함'이라는 틀에서 벗어나야 한다. 그것은 공정함의 겉모습일 뿐이다. 공정성의 본래 목적은 자기보존을 위한 거래였다. 그것은 생명을 보존한다는 측면에서 이기적인 행동이다. 생명을 보존할 수 없다면 그 어떤 일도 하지 않는 것, 그것이 원래의 공정성이었다.

과거에도 나는 공부로 나와 세상을 만들고자 했다. 어느 순간 그 공부는 내 삶의 에너지가 되지 못했다. 하지만 중년이 된 지금 새롭게 만난 니체는 나를 다시 활기차게 한다. 니체는 '공적 가치'라는 틀에 갇혀 있던 나를 다른 존재로 만들어 가고 있다. 그는 나와 세상의 관계를 깊고 넓게 확장시켰다. 니체를 통해 '모든 존재가 위대한 긍정의 삶을 산다'라는 것이 어떤 것인지를 다시 묻게 되었다. 이를 위해 어떤 공부를 하고 실천할 수 있을지를 탐구하고 있다. 나의 공부와 삶에 새로운 과업이 생긴 것이다. '서로를 해치지 않으면서, 각자의 힘과 공동체의 힘을 키울 수 있는 경쟁!' 이를 통해 탄생하는 건강하고 위대하고 강한 '생명공동체!'

이것은 이제 나의 새로운 과업이 되었다. 이 과업을 완수하는 것이 오늘 나의 '공정성'이다. 밖을 향해 외치는 모든 공정성은 가짜다. 우리 모두 자신을 향해 외치는 공정성만이 진짜임을 명심하자!

5. 종교야, 삶으로 돌아오면 안 되겠니?

인간은 늘 불안과 두려움을 안고 살아가는 존재이다. 인간의 삶에 과거, 현재, 미래가 동시에 작용하기에 불안과 두려움은 필연적으로 있게 마련이다. 이 필연적인 불안과 두려움을 해결하기 위해 인간은 늘 큰 가르침을 찾았고, 종교가 그 역할을 다해 줄 것을 염원한다.

인간은 '종교적 본성'을 가진 존재이기에, 그 내면에 종교적인 체험과 갈망이 늘 있게 마련이다. '종교적 본성'이 어떻게 발현되는가의 문제는 개인의 삶을 넘어 공동체의 삶을 결정하는 중요한 요인이다. 세상에서 가장 큰 지혜를 가르쳐야 할 종교가 세상을 가장 혼란스럽게 하는 전쟁의 원인이 되기도 하고, 그 외 크고 작은 일로 세상을 더 힘들게 하는 경우도 많다. 지금 우리 사회가 딱 그렇다. '코로나19'라는 최대의 위기 속에서 모든 국민이 이 난국을 해결하기 위해 애를 쓰고 있지만, 일부 집단들이 '종교'의 이름으로 보이는 행태는 도저히 이해하기 어려운 점이 있다. 대부분의 종교인들은 그렇지 않고 극소수의 문제라고 이해하고 그냥 넘어갈 수도 있다. 하지만 그렇게 넘어가기엔 이들이 일으키는 문제가 심각하고 반복적이다. 니체를 빌려 오늘의 '종교'를 말해 보자.

> 종교들을 철저하게 검토하고 그것들의 심각한 위험성을 드러내야만 한다. 만일 종교가 철학자들의 수중에 있는 길러냄과 교육의 수단이 되지 않고 그 자체로부터 그리고 독립적으로 존재할 경우, 즉 다른 여러 수단들 중 하나가 **아니라** 그 자체가 **궁극목적**이 되려고 한다면, 사람들은 항상 그 대가를 톡톡히 치르게 된다.(니체, 「종교적인 것」, 『선악의 저편』, 박찬국 옮김, 아카넷, 2021, 144쪽)

종교가 절대 권한이 되고, 자기 종교 이외에 다른 어떤 것들도 인정하지 않는 데에 따른 대가는 늘 비싸고 무거웠다. 특히 서구 사회의 경우 많은 전쟁이 종교적 이유에서 치러졌다. 이러한 위험성 때문에 종교를 철학적 사유의 범위 안에, 즉 삶의 범위 안에 포함하려는 노력은 지금도 계속되고 있다. 그럼에도 불구하고, 지금 우리 사회에서 종교의 이름으로 개인과 공동체의 삶을 위험하게 만드는 집단들이 있다. 최근 우리 사회에서 코로나19의 대유행을 촉발시킨 집단들, 특정 종교 단체들, 하지만 정통 교단의 통제를 벗어난 그들만의 집단. 이들은 왜 이렇게 우리 사회를 혼란스럽게 하고 있는가? 이들은 왜 이렇게 사회 구성원으로서 지켜야 할 최소한의 수칙들을 지키지 않는가? 때로는 의도적으로 기본 수칙을 어기기도 한다. 때로는 근거 없는 자신감, 아니 오만한 자신감을 보이기도 한다. 이들은 도대체 무슨 마음으로 이러는 것일까?

이들이 공통적으로 보이는 특징이 있다. 우선 이들에게는 '우리는 절대 안 걸린다'라는 교만함이 넘친다. 이들의 교만함은 '절대 권한자로 군림'하는 특정인에게서 나와 이들을 따르는 사람들에게 전파된다. 예를 들어, '자신의 성전에서는 절대 감염이 안 된다', '자기가 이끄는 예배에서는 감염이 안 되니 안심하라, 그리고 교회에 와서 예배를 드리다가 코로나에 걸리는 것은 축복이다' 등등. 이렇게 누군가 말이 안 되는 말을 하고, 그 말을 사람들이 믿고 따른다. 이들은 자기들끼리 절대 권한이 되어 갔고, 자신들을 제외한 다른 사람들의 말에는 귀를 막고 살아간다. 그럴수록 이들 안에서 소수의 권한은 절대적인 힘을 갖게 된다. 이 과정이 반복되면서 이들은 어느 순간 스스로를 돌아볼 눈도, 세상 속에서 다른 사람들과의 관계를 살펴볼 생각도 하지 못하는 지경에 이르게 되었다. 교만함에서 시작한 맹신은 스스로가 세운 망상만을 붙들고 살아가는 결과를 낳고 말았다. 이들도 '사랑과 자비'를 말하지만, 그 사랑과 자비는 출발부터 잘못되었다.

니체는 이들을 향해 경고한다. "세상에는 교만한 자에게 선사할 만큼 애정과 친절이 충분하지 않다."{니체, 「금지된 너그러움」, 『인간적인 너무나 인간적인』, 103쪽} 그렇다! 전염병에 잘 걸리지 않는 것은 자기 몸의 면역력이 강해서이고, 지켜야 할 수칙을 잘 지켜서이지 그 외 다른 어떤 이유도 없다. 그것은 의학이고 과학이다. 신이 베푸는 '사랑과 자비' 또한 이 의학과 과학을 벗어나지 않는다. 코로나19라는 엄중한 상황에서 개인의 생명을 위해, 크든 작든 공동체의 안전과 생명을 위해 지켜야 할 것을 잘 지키는 자에게 내리는 것이 신의 사랑이고 자비이다. 하지만 종교의 이름으로 교만함에 빠진 자들은 이를 잊고 있었다.

종교적 확신에 자신감이 있는 사람들이 가지는 또 다른 공통점은 스스로 '예감 능력'을 자랑한다는 것이다. 이들은 과거, 현재, 미래를 보는 눈 모두를 가졌다고 자랑한다. 이들은 마치 바이러스가 자신들을 피해 가는 것을 본 듯이 말한다. 실제론 수칙을 잘 지키지 않기에 그 반대인 경우가 많다. 이 근거 없는 자신감은 매우 해로운 결과를 낳는다.

'예감'은 확실성의 나라에 한 걸음도 들어서지 못한다. (……) 그렇게 되었으면 '좋겠다', 즉 즐겁게 하는 것이 또한 참이기를 마음속에서 바라고 있을 뿐이다. 이 염원이, 의심스런 이유를 올바른 이유로서 받아들이도록 우리를 유혹하는 것이다.{니체, 「종교적인 여독」, 앞의 책, 104쪽}

종교적 확신으로 가득 찬 사람들, 이들은 자신들이 가진 '예감 능력'으로 사람들을 유혹한다. 이들은 어려운 삶의 현실에서 사람들이 빠지기 쉬운 '내적 바람'을 악용하는 경우가 많다. 예를 들어 이들은 우리 사회의 청년들이 힘들어하는 취업 문제, 중년들이 갈구하는 안정된 수익, 자녀들의 대학 진학 문제 등을 파고들어 자신들이 운영하는 곳에 오면 이 모든 것이 한꺼번에 해결될 수 있다고 유혹한다. 어려운 현실을 살아가는 사람들은 각자의 소망이 강할수록 '나쁜 근거'를 맹목적으로 믿게 된다. 이 과정이 반복되면서 이들은 결국 스스로를 보는 눈을 잃어버리고, 자신의 삶을 성찰할 힘을 키우지 못한다. 이들이 믿고 있는 것은 "배고픔은 그것을 충족해 줄 음식물이 있다는 사실을 증명하는 것이 아니라, 오로지 음식물을 간절히 바라고 있음을 증명할 뿐이다"(니체, 「종교적인 여독」, 앞의 책, 104쪽)라는 기본적인 생리학적 사실을 알지 못하는 데에서 연유한 것이다. 이들은 모든 것을 생각만으로 만들어 낼 수 있다고 믿는다. 자신들이 바라는 것들은 생각이라는 틀 안에서는 모두가 가능하다. 그러니 생각의 틀을 좁힐수록 '예감'은 더욱 분명해지며 자신들이 바라기만 하면 그것이 무엇이든 다 이루어질 것이라 믿는다. 이들은 행복의 나라를 상상하면서 모이고 또 모인다. 이들은 소리 높여 기도하고 그 소리가 높아질수록 '예감'은 더욱 확신에 차오른다. 하지만 불행인 것은 이 예감이 확실해질수록 삶에 꼭 필요한 감각들은 무뎌지고 있다는 것이다. '교만함'과 '터무니없는 자신감'(예감 능력)은 삶에 대한 감각을 무디게 한다. 삶에 무뎌진 감각이 이들을 어디로 이끄는 것인가? 안타깝다!

하지만 인간은 '종교적 본성'을 버릴 수 없다. 어떻게 하면 삶에 무뎌진 이 종교적 감각을 다시 회복할 수 있을까? 종교도 인간의 삶을 위해 인간이 만들어 온 것이기에, 문제가 있다면 그것은 다시 삶의 관점에서 해석되어야 한다.

> 결국 그가 자기 자신을 사랑하고 있는 것이 되는 그런 사랑이 신의 사랑으로 보인다. 그가 은총과 구원의 서곡이라고 부르는 것은, 사실상 자기 은총, 자기 구원인 것이다.(니체, 「그리스도교도의 구제욕구에 대해서」, 『인간적인 너무나 인간적인』 108쪽)

니체는 신의 사랑은 근본적으로 '자기 사랑', '자기 은총', '자기 구원'임을 강조한다. 한마디로 자기 자신의 구원자가 되는 길! 그것이 '신의 사랑'이라는 말이다. 자기 자신을 사랑한다는 것은 '교만함'과 '근거 없는 자신감'에 삶을 올려놓는 것이 아니다. 이것이 개인과 공동체의 삶에 얼마나 위험한 것인가를 우리는 지금 눈으로 확인하고 있다. 이제 우리는 자기 자신을 사랑하기 위해 삶에 대한 관점을 바꿔야 한다. 우리는 이제 "종교도 삶이다!"라는 새로운 명제를 가질 필요가 있다. 종교야말로 삶의 맥락에서 해석되고 활용되어야 하지 않겠는가? 자기 삶의 철학자가 되어 스스로에게 은총을 주고 스스로를 구원하지 못하는 것은 종교가 아니다. 오늘 우리에게 종교적인 것이 필요하다면 그것은 자기 삶의 은총과 구원을 위한 것이어야 한다. 종교가 자기 은총과 자기 구원을 가능하게 한다면 이 시대에 그것만큼 필요한 것도 없다.

6. 도덕이 사라진 자리, 새로운 삶의 풍경

니체를 읽다 보면 '도덕', '종교', '이성', '풍습', 나아가 '자기'라는 이름으로 강요되는 모든 종류의 삶과 행위 양식들을 하나씩 의심하게 된다. 어느 순간 과거에 나를 규정했던 이런 것들은 버리는 것이 옳고, 또 버렸으면 하는 마음이 자연스럽게 생긴다. 하지만 대부분은 니체의 말에 충분히 동의하지만, 구체적으로 "이제 나는 어떻게 해야 하지?"라는 생각을 하면 다음 걸음으로 나가지 못한다. 그러면서 우리는 또 이를 대체할 뭔가 더 확실한 매뉴얼 같은 것을 원한다. 니체에게, 니체를 가르치는 선생에게, 때로는 함께 공부하는 사람들에게 확실한 길을 달라고 요구한다. 그러면 나도 그 길을 기꺼이 가겠다고! 니체뿐만이 아니라 대부분의 공부에서도 마찬가지이다. 특히 감이당에서 인문의역학을 공부하기 시작하면 모두 좋아하고 감동받는다. 하지만 공부의 장을 벗어나면 별로 달라지는 것 같지는 않다. 또 머리로는 혹은 의욕은 뭔가 달라진 것 같은데, 실제로는 한 걸음도 더 나아가지 못하는 우리들! 왜 이럴까?

니체는 이미 이런 우리의 상태를 알고 있다. 그래서 니체는 자신의 책을 조금 읽고, 지금까지의 도덕적인 감정과 판단을 대체하려는 의욕에 넘치는 우리 같은 사람들에게 다음과 같이 말한다.

언젠가 도덕적인 감정 및 판단과 교대할 것을, 누가 현재 벌써 기술할 수 있겠는가!—그것들은 기초의 모든 부분에서 설계에 잘못이 있고, 그 건축물은 개수 불가능하다는 사실을 우리가 확실히 통찰하고 있다고 할지라도. 이성의 구속력이 감소하지 않는 한 그것들의 구속력은 날이 갈수록 감소함에 틀림없다! 인생과 행위의 법칙을 새롭게 세우는 것—이 과제에 대하여 생리학, 의학, 사회학, 고독학이라는 우리의 학문은 아직 자기 자신에게 충분한 확신을 갖고 있지 않다. 그러나 이들 학문으로부터만 우리는 새로운 이상을 위한 초석을 (새로운 이상 자체는 아니라고 해도) 끄집어 낼 수 있다. 그래서 우리는 각각 취미와 천부의 재능에 따라 앞서가는 존재로서 살든지 뒤쫓아가는 존재로서 산다. 그리고 이 공위시대(空位時代)에 있어서는 가능한 한 우리 자신의 주권자일 것과 작은 실험국가를 건설하는 것이 가장 좋은 방법이다.(니체, 「도덕의 공위시대(空位時代)」 『서광』 229쪽)

어느 누구도 지금 당장 '우리의 삶과 행위를 대체할 도덕적인 감정과 판단'을 기술할 수 없다. 지금 우리들의 삶과 행위가 아무리 기초부터 완전히 잘못되었고 도저히 수리 불가능할 정도라 확신하더라도 이를 대체할 매뉴얼 혹은 모범 답안은 없다. 그렇다면 우리는 늘 그랬듯이 또 과거의 상태로 돌아가야 하는가! 그렇지 않다. 잘 생각해 보면 실제로는 한 발도 나아가지 않았으니 돌아갈 것도 없다. 그저 좋은 말 좀 보고 듣고, 이런저런 생각만 몇 번 해 본 것뿐이다. 다행인 것은 공부하는 동안 간식은 맛있게 먹었고, 많이 웃고 떠들며 잘 놀았다는 것이다. 이후에는 또 어떻게 될까? 지금처럼 공부하고 살면 똑같은 패턴이 반복될 것이다. 그리고 곧 "공부해 봐야 뭐 달라질 것도 없네!"라고 말하며 공부를 포기하고 만다.

하지만 니체는 우리에게 삶과 행위의 법칙을 새롭게 건설하는 과제를 수행하기 위해 생리학, 의학, 사회학 그리고 고독학이라는 학문을 통해 새로운 이상 그 자체는 아닐지라도 새로운 이상을 위한 초석들은 얻을 수 있다고 말한다. 그러면 우리는 이제부터 생리학, 의학, 사회학, 고독학 공부를 통해 이 학문들에 정통해야 실질적인 변화가 가능하다는 말인가? 이것은 아니다. 이러한 수고를 우리가 직접할 필요는 없을 것이고, 또 할 수도 없다. 또 우리가 이러한 학문을 한다고 해서 될 일도 아니다. 니체 앞에서 조금은 겸손한 자세로 차분히 지금 자신의 모습을 돌아보자.

그리고 찬찬히 니체를 읽어 보자. 니체를 찬찬히 읽고 공부하다 보면 아마도 니체 철학이 이 학문들을 다 담고 있음을 알 수 있을 것이다. 그러니 우리는 니체를 찬찬히 잘 읽으면 된다. 하지만 우리가 니체를 읽는 자세, 나아가 우리의 삶과 행위를 대하는 자세는 달라져야 한다.

니체는 우리에게 이렇게 주문하고 있다. '[도덕의] 공위 시대에 우리가 할 수 있는 최선의 것은 우리 자신의 주권자가 되어 작은 실험 국가들을 건설하는 것'이다. 니체를 읽고 있는 우리는 이제 작은 실험 국가들을 만들고, 다양한 실험으로 존재할 수 있어야 한다. 그래야 '니체를 읽고 있다'고 말할 수 있다. 적어도 내 경험으로는 니체는 그래야만 읽힌다.

내 삶의 전환점 하나, 아름다움의 나라는 넓다

니체를 만나기 전, 나는 어디에서 내 삶의 아름다움을 찾았을까? 니체가 말하듯 나 또한 대부분의 경우와 마찬가지로 도덕적으로 종교적으로 관습적으로 선한 것에서만 아름다움을 찾았다.

이전에는 도덕적으로 선한 것에서 아름다움을 구하는 것만이 허용되어 있었다.—이것은 우리가 아주 조금밖에 발견 못했고, 뼈 없는 공상적인 아름다움을 얻으려고 열심히 노력해야만 했던 것의 충분한 이유이다!—악인에게는 덕 있는 사람들이 예감하지 못하는 백 가지 종류의 행복이 있다는 것이 확실한 것처럼, 악인에게는 백 가지 종류의 아름다움 역시 있다. 더구나 대부분 아직 발견되지 않았다.(니체, 「아름다움의 나라는 더 한층 크다」, 『서광』, 235쪽)

우리에게는 이미 주어진 틀 안에서 자기 삶의 아름다움을 찾는 것이 허용되었고, 우리는 또 그렇게 하려고 했다. 우리는 국가가 허용하는 범위 안에서, 부자가 되거나 최소한 낙오자는 되지 않아야 한다는 생각 안에서, 어른들이 정해 놓은 전통과 관습의 범위 안에서, 나름의 아름다움을 찾으려 노력해 왔다. 그런데 우리는 그 속에서 아름다움을 찾았는가! 아니면 우리가 좀더 노력하면 찾을 수 있을 것 같은가! 혹시 돈과 권력은 찾을 수 있을지도 모른다. 하지만 거기에 아름다움은 없다.

그렇다면 이제 우리는 니체 읽기를 통해 얻은 힘으로 조금은 달라져야 하지 않을까. 또 조금은 달라질 수 있지 않을까. 니체와 함께 그동안 국가가 정해 놓은 선(안전과 질서 등)이 아닌 국가가 정해 놓은 악(자유정신과 광장 등)을 탐구해 보자. 자본이 정해 놓은 선(정규적인 노동, 안정된 수입, 소비)을 위해 나사와 같은 존재로 살아가는 것을 버리는 악행을 저질러 보자. '부모, 자식, 부부, 형제, 동창, 남자 혹은 여자, 집의 가장 혹은 아빠' 등의 이름으로 내 삶에 깊숙이 관여하여 각종 주문을 늘어놓는 삶의 패턴과 행위들을 하나씩 하지 않는 악행(?)을 통해 나를 찾아보자. 대단한 건 아니지만 이 정도의 악행만으로도 나는 충분히 자유롭고 아름다운 삶을 살 수 있을 것 같다. 그리고 니체에 따르면 이러한 악행, 나아가 더 큰 악행들에는 이보다 더 아름다운 것들이 아직 발견되지 않은 상태로 많이 남아 있다.

내 삶의 전환점 둘, 값싸게 산다!

니체는 '사색가의 삶'을 이렇게 묘사한다. 우리처럼 '공부하는 삶'으로 바꿔 읽어도 좋겠다.

가장 값싸고 가장 순진한 삶의 방식은 사색가의 삶의 방식이다. 왜냐하면, 단도직입적으로 말하면 그는 다른 사람들이 경시하거나 남기는 사물을 가장 많이 필요로 하기 때문이다.—다음에 그는 쉽게 기뻐하고, 돈이 드는 오락에의 접근은 모르기 때문이다. 그의 일은 힘든 것이 아니라, 말하자면 남국적이다. 그의 낮과 밤은 양심의 가책에 의하여 파괴되는 일은 없다. 그는 그 정신이 점점 냉정하고 강력하고 밝아진다고 하는 표준에 맞추어서, 움직이고 먹고 마시고 잔다. 그는 자신의 육체를 기뻐하고, 그것을 두려워할 아무런 이유도 갖고 있지 않다. 그는 나중에 자신의 고독을 그만큼 더 깊은 사랑으로써 포옹하기 위한 때때로의 사교가 아니면 사교를 필요로 하지 않는다. 그는 죽은 사람들로 살아 있는 사람들을 보충한다. 그리고 친구조차도 보충한다. 즉 지금까지 살았던 최상의 사람들로 보충한다.(니체, 「값싸게 산다」 「서광」 274~275쪽)

나는 2018년부터 감이당을 중심으로 공부하는 삶을 살고 있다. 혹자는 내가 밥벌이 걱정은 하지 않아도 되니 그렇게 할 수 있다고 말한다. 그것도 사실이다. 하지만 감이당과 남산강학원에서 만나는 사람들은 나보다 돈이 적은 사람들이 많지만(정확하지는 않다), 내가 그동안 다른 곳에서 만나 온 사람들은 나보다 부자들이 많다(이건 정확하다). 하지만 이들 가운데 나처럼 공부하면서 이렇게 사는 이는 한 명도 없다. 아마도 이들은 나보다 '돈이 더 많이 드는 향락적인 삶'을 살고 있으리라 짐작된다. 나도 이런 세계를 전혀 모르는 바는 아니지만, 그렇게 살고 싶지는 않다.

내 일이 얼마나 남국적인지, 나의 낮과 밤이 양심에 비추어 얼마나 건강한지, 무엇을 위해 먹고 마시고 자는지, 스스로 내 육체에 대해 얼마나 기뻐하는지, 얼마나 고독을 사랑하는지 등을 정확히 말하기는 좀 그렇다. 하지만 이런 모든 것들에 대해 어렵지 않게 긍정적으로 동의한다. 그리고 구체적인 것은 아직 발견되지 않은 것도 많을 것이라 기대하고 있다. 그런데 신기한 것은 지금 내가 죽은 자들과 제일 진하게 사귀고 있다는 점이다. 니체,

공자, 붓다, 푸코 등등. 그들이 나와 사귀고 싶어 하는지는 확인할 길이 없지만, 나는 분명 이들이 좋고 이들과 사귀고 싶다. 앞으로 더 진하게 사귈 수 있기를 바랄 뿐이다. 그렇게만 된다면 나는 지금까지 살았던 최상의 인간들을 친구로 갖게 될 것이다.

7. 실험으로 존재하는 삶

실험은 아무나 할 수 있는 것이 아니다. 실험을 할 수 있는 장비도 있어야 한다. 외부에서 갖추어야 할 조건이 있다면, 이러한 것들도 갖춰야 할 것이다. 하지만 이것은 나중에 보자. 적어도 니체에게 이런 것은 의미 없다. 내가 어떤 실험 국가를 건설할 것인지, 어떤 실험을 할 것인지를 모르는 상태에서 그 실험을 위한 외부 조건을 논하는 것은 의미 없다. 그리고 니체에게 있어 그것이 무엇인지가 정해져 있다고 해도 그 자체로는 아무런 의미가 없다. 왜냐하면 그것이 혹 진리라 하더라도 '진리는 그것 자체로는 힘은 아니며', 따라서 그것은 우리에게 작동하지 않기 때문이다.

비록 언변에 능숙한 계몽주의자가 아무리 그 반대를 말하는데 익숙해져 있다고 할지라도,—진리는 그것 자체로는 결코 힘이 아니다!—진리는 오히려 힘을 자기편으로 끌어들이거나 힘 편이 되지 않으면 안 된다. 그렇지 않으면 진리는 몇 번이고 되풀이하여 파멸할 것이다! 이것은 지금 충분히, 그리고

지나치게 충분할 만큼 증명되고 있다.(니체, 「진리는 힘을 필요로 한다」, 「서광」 256쪽)

실험 국가가 무엇이어도 좋다. 또 우리가 계획하는 다양한 실험이 무엇이어도 좋다. 니체에게 그것이 무엇인가는 중요하지 않다. 니체에게 중요한 것은 내가 세우려는 실험 국가 혹은 내가 계획하는 실험을 작동하게 하는 것이다. 즉 실험을 위해 '힘을 자기편으로 끌어들일 수 있느냐, 아니면 내가 어떤 힘의 편이 될 수 있느냐'가 중요하다. 그것이 어느 쪽이든, 내가 가진 힘(의 감정)을 실험에 쏟아붓지 않는다면, 우리는 항상 다시 몰락하게 될 것이다.

그러면 어떻게 해야 하는가. '그건 알겠는데, 힘은 어떻게 생성되고 또 발휘되는가', '지금까지도 힘들어 죽겠는데 또 무슨 힘을 어떻게 더 발휘하란 말인가' 등의 질문을 할 수 있다. 하지만 니체는 결코 지금까지 우리에게 없던 새로운 힘을 만들어야 한다고 말하지 않는다. 우리에게 힘은 충분히 있다. 다만 그 힘을 발현하는 방법이 문제이다. 동일한 방법, 동일한 관계에서는 동일한 결과가 나올 수밖에 없다. 다른 방식, 다른 관계가 필요하다. 이와 관련해 니체는 우리에게 다른 사귐을 권한다.

도대체 우리는 너무 많은 것을 구하고 있는 것일까. 적당한 때에 불 속에 넣었다 끄집어 낸 밤처럼 부드럽고, 맛이 좋고, 영양이 풍부해진 사람들과의 교제를 구하는 것은? 인생에 조금밖에 기대하지 않고, 더구나 그것을 당연한 일로서 받아들이는 것이 아니라 마치 새나 벌이 날라다 준 것인 것처럼 받아들이는 사람들과의 교제를 구하는 것은? 긍지가 높기 때문에 자기에게 언제나 보수가 주어졌다고 느낄 수 없는 사람들과의 교제를 구하는 것은? 또 그 인식과 성실의 정열이 너무 진지하기 때문에 그 외에 명성에 대한 시간과 호의를 가진 적이 없는 사람들과의 교제를 구하는 것은? 이런 사람들이라면 우리는 철학자라고 부를 것이다. 그러나 그들은 변함없이 좀 더 겸손한 이름을 혼자서 발견할 것이다.(니체, 「자기의 교제를 찾는다」 『서광』 239~240쪽)

그렇다! 우리는 이제 다른 사귐을 시작해야 한다. '갓 구운 밤처럼 부드럽고, 맛이 좋고, 영양이 풍부한 사람들', '인생에 대한 거대한 기대가 없이 그것을 자연이 준 선물로 받아들이는 사람들', '자신에 대한 긍지가 충분히 높은 사람들', '세상에 대해 탐구할 것이 너무 많아서 세상의 명성을 추구할 마음도 생각도 없는 사람들'. 니체가 만나길 권장하는 사람들이다. 니체는 이들을 철학자라 부른다. '철학자'라는 말이 너무 무겁다면 '실험하는 자'라 불러도 좋겠다. 우리는 철학의 친구가 되어야 한다. 하지만 이 철학자들은 뭐 그리 대단한 존재는 아니다. 이들은 언제나 겸손한 이름으로 불리기를 원하고 있기에 우리가 쉽게 사귈 수 있는 친구들이다.

그러나 다른 한편에서는 삶을 대하는 태도가 적절하지 않으면 이들과의 사귐은 영원히 불가능할 것이다. 우리에게 '밤'은 충분히 많다. 그러나 그것이 모두 맛있고 영양이 풍부해진 밤은 아니다. 관건은 '적당한 때에 불 속에 넣었다 끄집어 낸 밤'이어야 한다는 것이다. 적시에 무언가를 할 수 있어야 한다. 그래야만 철학자와 사귈 수 있고, 내가 철학자가 될 수 있다. 이것은 절대 많은 욕심을 내는 것이 아니다. 이들과 사귀는 것은 돈 많이 벌고 명성을 얻는 것보다는 훨씬 쉽다. 니체는 이를 임신의 비유를 통해 다음과 같이 말하고 있다.

모든 것이 감춰져 있고 예감으로 가득 차 있다. 우리는 어떻게 되어 가고 있는지 아무것도 모른다. 우리는 기다리고 준비하려 한다. (……) 임신한 사람들은 기이하다! 그러므로 우리 또한 기이할 것이다. 그리고 타인이 그럴 수밖에 없다고 해서 그들을 나쁘게 보지 않도록 하자!(니체, 「이상적인 이기심」 앞의 책, 269~270쪽)

이렇게 물어 보자. 자신이 진짜 귀하게 생각하는 것을 남들이 보기 좋도록 막 드러내 보여 주고, 이렇게 저렇게 막 굴리는 사람이 있을까? 절대 없다. 사실 막 드러내 보이고, 이렇게 저렇게 막 굴려도 상관하지 않는 것은 대부분 없어도 되는 것들이다. '비상금'만 해도 남몰래 숨겨 두지 않는가!

하물며 임신은 생명을 탄생시키는 것이다. 우리는 모두 '생명'이다. 모든 '생명'은 귀한 것이다. 귀한 생명은 감춰져 있고, 누군가의 기다림과 함께한다. 또 어떻게 되어 가는지 전혀 모르는 것이 생명이다. 그래서 생명 앞에서 우리가 할 수 있는 것은 기대하고 준비하는 것뿐이다. 어느 누구도 '생명'에게 너의 존재를 구체적으로 드러내라고 말해서는 안 된다. 이것은 다 나 편하자고 하는 말이다. 또 어떤 사람에 대해 한두 가지 보고 들은 이야기로 그 사람을 판단하거나 평가하려 해서는 안 된다. 대신 이제 우리는 사람에 대해 조심스럽게 기대하고 준비하며 이해하려 해야 할 것이다. 나도 남도 함부로 구체적으로 드러내어 평가하거나 판단하려 하지 말자. 대신 생명을 가진 모든 (인간) 존재의 기묘함을 인정하고 겸손하게 이해하려 하자.

누구에게나 삶은 쉬운 것이 아니다. 모든 삶의 현장은 힘들다. 그래서 모두 늘 지치고 피곤하다. 우리는 공부라는 현장, 일이라는 현장, 가정이라는 현장, 인간관계라는 삶의 현장에서 지금까지 그러했듯이 앞으로도 지치고 힘들고 피곤함을 느낄 것이다. 힘들고 지치고 피곤해진 나와 친구들의 영혼과 육체를 건강하게 할 가장 강한 약이 필요하다. 니체는 우리의 영혼과 육체를 치료

할 최고의 약으로 '실험하는 삶'을 처방한다. '실험하는 삶'이란 방황할 수 있는 자유이다. 어느 순간 우리는 방황이라는 말을 잊어버렸다. 아니, 방황을 두려워했다. 하지만 이제는 달라질 수 있다. 우리 모두 '니체 읽기'를 통해 방황하고 실험할 수 있는 용기를 얻자! 방황하지 않는 사람은 없다. 그 어떤 것도 절대로 바뀔 수 없는 것은 없다. 혹시라도 영원히 확실하고 정해진 것이 있다고 고집하는 사람들은 절대 친구로 삼지 말자. 왜냐하면 우리는 우리 자신을 실험하는 만큼 존재할 수 있기 때문이다. 인류(친구들)도 마찬가지이다. 다행인 것은 우리가 직접 니체와 같은 죽을 정도의 고생은 하지 않아도 된다는 것이다. 니체는 자기 자신은 실험하면서 죽을 뻔했지만, 우리에게는 그렇게 하지 않아도 된다고 말한다. 우리는 이제 이런 니체와 만나 사귀면서 얻은 힘을 자산으로 삼아 실험적인 삶을 살아가면 된다.

니체와 함께하는 실험 그 자체가 힘이고 자유다. 니체와 함께하는 실험은 결론이 쉽게 나지 않는다. 또 결론이 나도 틀릴 수 있다. 그러니 이제 우리는 더이상 '나의 실험이 나의 존재'라는 것을 의심하지 말자.

"우리는 실험이다. 또 그러하기를 원하자!"{니체, 「도덕의 공위시대」「서광」 229쪽}

3부

니체 쓰기[書] : '강한' 나로의 귀환

1장 삶에 눈뜨다

1. 불가피함, 삶에 눈뜨게 하다

신과의 결별을 선언한 니체! 삶은 형이상학적 희망으로 살아가는 것이 아님을 깨달은 니체! 그는 이제 '인간적인 너무나 인간적인 철학'을 시작한다. 『인간적인 너무나 인간적인』은 니체의 중기 저작을 대표하면서 양적으로도 방대하다. 이 방대한 저술을 시작하면서 니체는 맨 앞 장에 「최초와 최후의 사물에 대하여」라는 제목을 붙였다. 최초와 최후의 사물이라! 니체는 이 제목으로 결국 '삶의 시작과 끝'을 말하고 싶었을 것이다. 그는 이 장에서 삶이란 형이상학적인 신을 갈구하는 것도, 형이상학적인 이데아를 추구하는 것도 아니라고 비판한 후, 마지막 부분에서 삶의 세 가지 '불가피함'을 말한다. '비논리적인 것', '불공정', '삶에 대한 오류'가 그것이다.

'불가피함'이 주도하는 삶

니체가 직면한 삶의 세 가지 불가피함! "비논리적인 것은 불가피하다", "불공정은 불가피하다", "삶에 대한 오류는 삶을 위해 불가피하다"──이 메시지는 신과 이성을 버린 자리를 대체할 수 있을까? 불가피함을 인식하는 것이 우리 삶에 어떤 의미가 있을까?

■ 비논리적인 것

비논리적인 것은 정열·언어·예술·종교 등에, 그리고 일반적으로 삶에 가치를 주는 모든 것에 매우 깊이 파고 들어가 있어서, 이들 아름다운 것들을 치유할 수 없을 만큼 손상을 입히지 않고는 비논리적인 것을 뺴낼 수 없다. (……) 가장 이성적인 인간조차도 때로는 다시 본성을, 즉 자신의 '만물에 대한 비논리적인 근본 태도'를 필요로 한다.(니체, 「비논리적인 것은 불가피하다」, 『인간적인 너무나 인간적인』 45~46쪽)

'인간은 이성적인 존재이다.' 우리가 가장 많이 들어 아주 익숙한 말이다. 하지만 니체는 이 익숙한 것의 한계를 보는 것으로 자신의 철학을 시작한다. 이성은 라틴어로 'Ratio'(라치오)라고 한다. 계산 능력, 추리 능력 등을 의미한다. 인간은 이것으로 못하는 것이 없다. 머리로 계산하고 추리해 보면 안되는 것이 없다. 모든 것을 계산하고 추리할 수 있는 능력으로 인간은 신도 만들고, 천국도 만들고, 지옥도 만들어 낼 수 있다. 그리고 모든 인간이 이성을 가진 존재이니, 이성을 사용해서 인간을 천국에 가둘 수도, 지옥에 가둘 수도 있다. 단 이것은 인간의 몸이 아닌, 몸과 분리된 이성에 국한된다. 논리적으로만 가능하다는 말이다. 논리가 모든 것, 즉 인간의 정열, 언어, 예술, 종교마저 지배해 버리고 말았다. 하지만 애초에 이들은 논리의 세계에 갇혀 있을 수 없는 것들이다. 논리에 갇힌 인간의 정열, 언어, 예술, 종교는 그만큼 왜소해지고 말았다.

인간의 본성을 영원히 논리에 가둘 수는 없다. 인간의 삶은 이성이 아니라 비이성 혹은 비논리적인 것이 주도한다는 것이 니체의 입장이다. 니체는 인간을 이성 혹은 논리가 지배하는 존재가 아닌 몸이 주도하는 존재로 재설정한다. 그는 논리가 지배하는 이성을 '작은 이성'이라 이름 붙이고, 자신이 추구하는 것은 '큰 이성'이라 이름 붙인다. 여기에서 니체의 '생철학'이 탄생한다. 니체는 '자신의 몸을 가지고 현실을 살아가는 인간', '그 어떤 것에도 의존하거나 머물러 만족하지 않는 인간', '영원한 자기극복을 필요로 하는 인간'의 삶을 위한 철학을 하려 했다. 이렇게 니체의 철학은 머리에서 몸으로 인식을 옮겨 오면서 시작된다. 여기에서 '인간적인 너무나 인간적인' 삶이 시작된다. 니체는 '가장 이성적인 인간도 삶을 위해서는 자신의 본성을, 다시 말해 자신의 비논리적 기본 입장'을 필요로 한다고 생각했다. 인간은 논리라는 작은 이성을 극복하고, 자신의 몸이라는 큰 이성에 토대를 둠으로써 비로소 자신의 삶을 살아갈 수 있다는 것이다.

■ 불공정

예를 들어 어떤 인간에 대한 어떠한 경험도, 그가 우리와 아주 가까운 사이라 할지라도, 그를 전체적으로 평가하기 위한 논리적 정당성을 부여할 만큼 완전할 수는 없다. 모든 평가는 경솔하며 그렇게 되지 않을 수 없다. 결국 우리가 재는 척도, 즉 우리의 본질이라는 것은 결코 불변의 크기를 가진 것이 아니다. 우리는 기분이나 동요에 휩쓸리기도 하고, 더욱이 우리에 대한 어떤 사항의 관계를 공정하게 평가하기 위해서는 우리는 스스로를 확고부동한 척도라고 믿지 않으면 안 된다.{니체, 「불공정은 불가피하다」 『인간적인 너무나 인간적인』 46쪽}

인간은 누구나 남을 평가하고 자기도 평가를 받는다. 그런데 재미있는 것은 자기가 하는 평가는 객관적이고 공정하다고 생각하는 반면, 자기가 받는 평가는 사람들의 주관적인 편견이 개입되어 부당할 수 있다고 생각한다는 것이다. 나 또한 내가 하는 평가는 늘 옳다고 믿었다. 예를 들어 과거 학교에 있을 때, 내가 한번 평가한 점수는 내가 잘못 옮겨 적은 것이 아닌 경우에는 절대 수정해 주지 않았다. 평가는 가르치는 자의 고유한 권한이라는 이유에서다. 친구들과 의견이 맞지 않는 경우, 혹은 결혼 후 아내와 자주 싸우는 경우도 이유는 비슷하다. 각자 서로가 한 판단이 옳다는 것이다. 그래서 우리는 일상에서 서로 상대가 한 판단은 아무리 이해하고 싶어도 이해할 수 없다는 말을 자주 한다.

세상에 대해 우리가 행하는 온갖 평가도 마찬가지가 아닐까? 자신이 세상을 보는 것은 객관적이고 공정하며, 남들이 세상에 대해 내리는 평가는 주관적이고 공정하지 못할 가능성이 높다고 생각한다. 문제는 여기서 멈추지 않는다. 때로는 자신의 평가가 옳다고 주장하기 위해 절대적인 어떤 권위에 의지하기도 한다. 어른, 선생님, 혹은 어떤 전문가 혹은 권위자를 끌어와 자신의 판단이 옳음을 관철하고자 한다. 그 극단은 아마도 신과 이데아일 것이다. 하지만 이 습성이 우리를 왜소한 존재로 만든다는 것이 니체의 생각이다.

반면 니체 철학의 핵심은 인간을 강하고 건강하게 만드는 것이다. 니체는 우리에게 강하고 건강하게 되기 위해 인간의 삶은 '불공정'을 바탕으로 하고 있음을 직시하라고 말한다. 현실을 '있는 그대로 볼 수 있는 눈'을 가져야 한다는 말이다. 본인은 공정하다고 믿지만 모든 평가는 애초에 공정할 수가 없는 것이 인간이 처한 현실이다. 우리의 평가는 절대 전체를 다 볼 수 없으며, 언제나 성급하기에, 객관적인 척도 같은 것은 애초에 없다. 또한 나의 감정에 따라 평가는 늘 달라질 수 있다. 그러니 우리는 이제 생각을 바꾸어 내가 세상에 대해 행하는 평가이든, 세상이 나에 대해 내리는 평가이든 그것은 모두 '불공정'에 바탕을 두고 있음을 알아야 한다. 이 피할 수 없는 '불공정'을 아는 것! 이것이 삶에 눈뜨기 시작했다는 단서이다.

■ 삶에 대한 오류

대체로 자신을 초월해서 생각하는 극소수의 사람들까지도 이 보편적인 삶이 아니라 그 한정된 부분만을 주시한다. (……) 개인적인 것 이외의 것들은 모두 그들에게는 전혀 인정을 받지 못하든가, 기껏해야 희미한 그림자로 인정받을 뿐이다.(니체,

「삶에 대한 오류는 삶을 위해 불가피하다」 『인간적인 너무나 인간적인』 47쪽)

인간은 오랫동안 온전한 신을 갈구해 왔다. 인간은 오랫동안 완벽한 이성으로 세상에 존재하는 모든 것들을 계산하고 추리하려 했다. 그런데 애초에 이것이 가능한 것이었을까? 니체의 답은? "아니오!"이다. 뿐만 아니라 그것은 '삶'이 아니라고 말한다. 하지만 인간은 2,000년 이상 신과 이성에 의존해 세상을 살아가려 했다는 것이 니체의 비판이다. 오늘 우리들 또한 교육을 잘 받으면 누구나 보편적인 인식을 할 수 있고, 모두가 이를 공유하면서 살아갈 수 있다고 배우고 가르치고 있다. 모두가 개인을 넘어서서 생각하고 행동할 수 있어야 한다고 가르친다. 그리고 그 개인 너머에는 공동체든, 국가든, 세계든 그 무엇이 있다고 말한다. '사회성 교육', '시민교육'을 매우 중요하게 생각하는 것이 현대 사회의 특성이다. 한때는 교회가, 한때는 학교가 이 기능을 수행

하는 전담 기구였다. 교회를 열심히 다니고 기도하고 배우면, 학교를 열심히 다니고 공부하면 이 덕목을 잘 익히고 잘 살아갈 수 있다고 가르친다. 각자가 속한 사회에서 공동체 구성원으로서 탈개인화된 인간으로 성숙할 수 있다고 가르친다.

하지만 니체는 인간은 그럴 수 없는 존재임을 알아야 한다고 말한다. 인간은 근본적으로 '개구리의 관점'을 가질 수밖에 없다. 개구리가 우물에서 나온다고 해도 그는 세상을 개구리의 눈으로밖에 볼 수 없는 한계를 태생적으로 가지듯 우리 인간이라는 존재도 탈개인적인 것을 인식한다 해도 기껏 희미한 그림자들만 볼 수 있을 뿐이다. 그러니 인간은 근본적으로 오류에 빠질 수밖에 없는 존재임을 알아야 한다. 아무리 애써 봐야 인간은 자신의 관점을 벗어날 수 없음을 알아야 한다.

'불가피함'에 눈뜬 이후

'신을 갈구하는 인간', '이데아를 찾아 헤매는 인간'이 아닌 '비논리적', '불공정', '오류'가 우리 삶을 주도한다는 것을 깨달은 인간은 어떤 삶을 살아가게 될까? 혹시 더 노예적인 삶을 살지나 않을까? 그렇지 않다.

사람들은 신과 이성을 버리면 인간은 너무나 왜소해질 줄 알았다. 또 살아가는 것 자체가 불가능할 줄 알았다. 하지만 삶의 '불가피함'에 눈뜨는 순간, 삶은 결코 왜소하지 않고, 낭떠러지도 아님을 알게 된다는 것이 니체가 우리에게 가르쳐 주고 싶어 하는 것이다. '불가피함'이라는 그 자체가 내가 살아가는 이유로 바뀐다. 절대적인 신이 없기에 나의 삶은 내가 사유하고 내가 만들어 가야 한다. 이상적인 이데아가 없기에 오늘 내 삶을 위해 정성을 기울여야 할 것들이 눈에 보이기 시작한다. 이렇게 시작된 삶에서 인간은 이제 내면에서 솟아나는 열정과 충동을 인식하고 살아가는 힘을 갖게 된다. 그동안 객관적이고 공정하다는 믿음에 갇혀 하나의 기준만을 제시하고 순위를 매기는 일에 혈안이 된 공부와 일이 아니라, 진정 삶이 필요로 하는 능력은 너무나 다양하고 변화하며, 또 우연적임을 알게 된다. 모두의 삶을 이끌어 갈 보편적 원칙을 상상하는 대신, 각자 변화하는 삶의 관점에 따라 필요로 하는 것이 무엇임을 알고 이를 하나하나 일구면서 살아가는 힘을 갖게 된다.

이제 다시 물어보자. 얼마나 많은 다른 삶이 보이는가? 이를 위해 우리는 얼마나 많은 것들을 다시 배워야 하는가? 삶에 눈뜬 니체! 그가 처음 배운 것은 삶이란 절대적인 그 무엇으로 한 방에 모든 것이 간파되고 해결되는 것이 아니라는 것이었다. 니체가 찾은 삶은 '불가피함'이 주도하는 세상이고 삶이었다. 니체도 말하지 않았는가. 삶은 길섶마다 행운을 숨겨 놓았다고. 이 행운은 자신의 삶을 논리와 공정, 보편적인 어떤 것이 아닌 '불가피함'에 올려놓을 용기가 있는 사람들만이 누릴 수 있다. 삶의 행운은 우리가 머릿속으로 그린 신이나 이성에 있지 않다. 행운은 삶이라는 거대한 대지로 걸어 나올 때 맛볼 수 있는 것이다. 자, 이제 이 강을 건널 용기를 낼 수 있는가? 용기가 없다면 아직 우리는 그 무엇에 의지하고 있는 것이다. 지금도 내가 의지하고 있는 것이 있다면 다시 길을 나서야 한다. 언제까지? "모든 것을, 질투나 불만 없이 포기할 수 있"{니체, 「마음을 가라앉히기 위해서」『인간적인 너무나 인간적인』 49쪽}을 때까지!

2. 삶이 가장 필요로 하는 것을 찾아서

니체는 자신의 사상을 전개하면서 이전의 사상들에 대해 두 가지 측면에서 각을 세운다. 하나는 중세의 암울한 터널로 표현되기도 하는 '신', 다른 하나는 플라톤에서 시작된 '이데아' 혹은 '이성' 중심의 세계관이다. 이들의 공통점은 세상의 모든 것은 하나로 귀결된다는 것. 그리고 그것이 신이든 이성이든, 그것에 접근해 가는 방식은 형이상학적이었다는 것. 반면에 니체는 자신의 철학은 '인간적인 너무나 인간적인' 것을 사유한다는 점을 분명히 했다. 그 결과 탄생한 니체의 '생철학!' 덕분에 나는 그의 철학을 따라가며 사유를 키우고 삶의 지혜를 연마하고 있다. 이런 나에게 최근 풀어야 할 하나의 과제가 주어졌다. 이번 생은 망했다고 외치는 세상! 그것도 청년들이!

'이생망'의 세상, 무엇이 망했다는 것인가?

얼마 전 니체 세미나에서 한 학인이 '이생망'을 주제로 발제를 했다. 공부를 해도 취직이 어렵고, 남들이 부러워하는 직장을 다니면서도 스스로를 '쓰레기' 같은 인생이라 비하하고, 직장 생활을 해도 아파트 한 채 장만하기는 글렀고, 결혼도 하기 쉽지 않고 등등. 우리 사회의 청년들이 겪는 이런저런 어려움이 포함된 내용이었다. 다 맞는 말이었다. 그러니 '이번 생은 망했어!'라고 할 만했다. 이어진 토론에서 기성세대들에 대한 청년들의 괜한 트집이라는 비판도 있었지만, 대부분은 영혼까지 다 끌어모아야 번듯한 직장을 얻을 수 있고, 부부의 영혼을 다 합쳐도 집 한 채 장만하기 어려운 요즘, 청년들이 처한 냉혹한 현실을 말해 주는 키워드인 것은 사실임에 동의했다. 그러니 청년들의 이 냉소적인 태도를 쉽게 볼 것은 아니라는 말에 많은 부분 공감이 갔다. 하지만 나는 여전히 지금 청년들이 스스로 자신의 삶을 힘겨워하고, 자기 비하적인 말을 하며, 내면으로 우울함이 스며들고 있는 이 모습들이 '생철학자 니체의 눈에는 어떻게 보일까?'라는 의문을 지울 수 없었다.

19세기 말 니체가 유럽의 데카당스적 풍토를 사유하고 그 극복의 길을 열어 갔듯이 우리도 오늘 청년들이 처한 이 우울한 삶의 문제를 풀어 가 보자. 니체의 눈에 지금 청년들이 외치는 '이생망'의 세상은 어떻게 보일까? 우리처럼 '망했다!'를 외치고 있을까? 아닐 것이다. 결론부터 말하면 니체는 잘 망했다고 할 것 같다. 니체는 청년들이 망했다고 외치는 삶, 즉 세상이 정해 놓은 경로를 따르는 바로 그 삶, 그것을 전복하고 새로운 삶의 길을 여는 것이 자신이 철학을 한 이유라고 할 것 같다. 그리고 니체는 물을 것이다. 세상이 정해 놓은 경로는 오히려 청년들의 삶을 왜소하게 하는 길인데, 그것의 성취가 어렵다고 왜 청년들이 스스로 망했다고 자책해야 하는가? 이는 마치 '신'과 '이성'에 대한 형이상학적 망상이 당시 사람들로 하여금 자신의 생생한 삶을 볼 수 없도록 한 것과 같은 것이 아닌가. 지금 우리 사회에서 '좋은 삶을 위해 갖추어야 할 온갖 것들'은 청년의 삶에 어떤 의미가 있는지를 곰곰이 생각해 보자. 이것들은 대부분 청년들이 스스로의 삶에 대해 눈을 뜨게 하는 데 큰 장애물이 되고 있다. 니체의 눈으로 본다면 오늘 우리 사회에서 '좋은 학벌과 직장', 그리고 '좋은 결혼과 좋은 집'을 위해 영혼까지 팔아야 하는 청년들의 삶은 어떨까? 스스로 왜소해질 수밖에 없는 길을 가면서 힘겨워하는 모습들이 보일 것이다. 이렇듯 잘못된 생각이 당대 인간의 삶을 왜소하게 만들고 있다는 점에서 니체 당시나 지금이나 동일하다. 니체는 이를 '형이상학의 근본 문제들'이라고 비판하고 있다.

모든 형이상학이 특히 실체와 의지의 자유에 관계해 온 이상, 형이상학을 인간의 기본적인 오류를 근본적인 진리이기라도 한 것처럼 취급하는 학문이라고 표현해도 좋을 것이다.(니체, 「형이상학의 근본 문제」, 『인간적인 너무나 인간적인』 37쪽)

그렇다. 청년들이 강요받고 있는 '좋은 학벌, 좋은 직장, 좋은 결혼, 좋은 집'은 니체가 자신의 '생철학'을 위해 각을 세운 '신에 대한 맹목적인 믿음'이나, 있지도 않은 '이데아를 찾아 헤맨 이성'과 별반 다르지 않다. 니체는 자신의 사유를 위해 각을 세운 형이상학, 즉 당시 세상을 끌고 간 학문의 근본적인 문제를 이렇게 비판하고 있다. 우리에게도 니체와 같은 질문과 비판이 필요하다. 지금까지 인간이 찾아 헤맨 저 안락하고 행복한 세상으로 가는 길, 청년들이 영혼까지 끌어모아 얻고자 하는 저 세상에 어떤 삶이 있는지를 숙고해 보자. 그런 세상이 없기도 하려니와 있다고 한들 이제 얻을 수도 없는 먼 신기루와 같은 세상이 되고 말았다. 월급을 한 푼도 쓰지 않고 20년 이상을 모아야 살 수 있는 것이 오늘의 아파트 한 채이니, 우리가 꿈꾸는 이 세상은 현실적 가능성의 측면에서도 없는 것이 맞다. 혹시 있다면 그것은 특별한 사람들만의 것이다. 그것은 니체 시절, 세상을 주도했던 사제들, 혹은 귀족 신분들에게나 해당되는 것이었다. 지금도 마찬가지가 아닐까. 훗날 알게 된 사실이지만 당시 사제들이나 귀족들에게조차 그들이 있다고 믿었던 '신'도 세상을 영원히 지배할 '유일한 진리'도 사실은 없었다.

니체 당시, 사람들은 신에 대한 믿음을 놓으면 모두 망한다고 믿었다. 절대적인 이성을 믿지 않으면 세상에 아무것도 존재할 수 없다고 생각했다. 그 시대를 살아간 사람들은 모두 이 믿음을 강요당했다. 훗날 이런 신과 이성을 비판한 사람들조차 이 그림자에서 벗어나지 못하고 또 다른 대체물들을 찾아 헤매고 있었다. 그 대체물들은 현대 사회에서 '돈'과 '권력'을 중심으로 돌아가는 다양한 물질과 지위 등, 아주 현실적인 것으로 변형되어 나타났다. 그리고 이것을 찾아 헤매다 지친 사람들은 '세상이 망했다!' 하고 자책하고 있었다. 마치 오늘의 우리 청년들처럼!

우리 시대의 청년들은 거대한 이상을 좇는 것은 아니다. 너무나 현실적인 것을 갈구한다. 좋은 학교, 스펙, 직장, 결혼 등등 얼마나 현실적인가? 그런데 이 너무나 현실적인 것들이 이제 신격화되어 버렸다. 일상의 삶을 배우고 꾸려 가야 할 것들이 너무나 멀리 있어, 죽기 살기로 달려가도 얻기 어려운 것이 되어 버렸다. 일상의 삶을 꾸려 간다는 관점에서 보면 '신'과 '이성', 이것도 지극히 현실적인 것이다. 니체도 말하지 않았는가? 우리는 "이 머리를 잘라 버릴 수는 없다"(니체, 「형이상학적 세계」, 『인간적인 너무나 인간적인』, 29쪽)고. 영혼과 이성 없이 살아갈 수는 없다는 말이다. 삶은 언제나 영혼과 이성이 함께한다. 하지만 그 영혼과 이성이 형이상학적인 것이 되는 순간 그것들은 우리의 삶으로부터 너무나 멀리 떠나가 버린다. 이는 마치 폭풍을 헤쳐 가야 할 뱃사람에게 물에 대한 분석을 늘어놓는 것처럼 의미 없는 일이다.

우리가 그동안 진리를 담은 '학문'이라고 믿었던 것, '형이상학'이라고 이름 붙여진 것, '신'이라는 실체와 확실한 것이라고 믿었던 '이데아, 혹은 이성'. 니체는 이것들이 인간의 삶에 어떤 것이었을까를 사유했다. '이생망'을 외치는 청년들, '영끌'을 외치는 청년들이 마음에 품고 있는 세상과 삶은 어떤 것일까? 세상은 이것들이 좋은 삶을 위해 현실적으로 너무나 중요하고 꼭 필요한 것들이라고 끊임없이 외칠 것이다. 이것들은 니체가 비판한 저들의 세상에서는 분명 의미가 있고 중요한 것이다. 하지만 '청년이 스스로의 결함을 극복하면서 자기 삶의 길을 건강하게 만들어 가는 것'이 니체가 바라는 삶이라면, 저들이 꿈꾸는 세상에 니체가 원하는 삶은 없다. 저들은 여전히 형이상학적인 희망만을 늘어놓고 있는 것이다. 이 허망한 것들이 지금의 청년들을 '희망 고문'이라는 말로 또 자책하게 만들고 있지 않은가. 그러니 그것은 망해도 좋은 삶이다.

내 영혼을 집중해야 할 곳을 찾아서

정신을 집중해야 할 곳이 있다. 마음을 다해야 할 때가 있다. 아마 영혼을 온전히 집중해야 할 일과 때일 것이다. 그것이 무엇이고 언제일까. 그것은 니체 시절 맹목적인 믿음을 강요하는 '신'이나, 있지도 않은 '이데아'가 아니었듯이, 오늘 우리 시대에는 감당할 수 없는 집도, 이런저런 화려한 삶도 아니다. 우리의 정신과 마음, 그것을 담은 영혼이 집중해야 할 일과 때는 따로 있다. 다시 말해 그것은 우리 삶이 가장 필요로 하는 일과 때일 것이다.

하지만 어디에서 어떻게 시작해야 할지 당장은 막연하다. 또 새로운 길을 가려니 불안하고 두렵기도 하다. 우리를 이끌어 줄 어른도 없고, 권위를 가진 것들도 모두 사라졌다. 그렇다면 어디에서 출발해야 할까?

한 번쯤은 회의적 출발점을 적용해 보라. 만약 다른 형이상학적 세계가 없고 우리에게 알려진 오로지 하나의 세계에 대한 형이상학에서 나온 설명들이 완전히 우리에게 무익한 것이라면, 그때 우리는 어떠한 눈길로 인간과 사물을 보게 될 것인가?{니체, 「회의(懷疑)의 판정승」 『인간적인 너무나 인간적인』 39쪽}

니체는 그동안 우리가 붙들고 있었던 모든 것은 더 철저히 망해야 한다고 말한다. 그러니 우리도 한 번쯤 '이생망은 잘된 것'이라고 생각해 보자. 그리고 왜 내가 아직도 세상이 좋다고 하는 것들을 쳐다보며 그것을 마련하는 일에 끌려다니고 있는지를 생각해 보자. 이런 일에 나의 영혼을 파는 것은 무지하고 어리석은 짓이 아닐까를 생각해 보자. 이런 회의(懷疑)는 내 영혼을 집중해야 할 곳을 찾아가는 출발점이다. 이렇게 자신의 마음과 정신을 집중할 곳을 찾아 나선 청년은 자신의 삶을 함부로 비하하지 않을 것이다. 그러니 이제 우리는 눈길을 돌려, 우리가 영혼을 쏟아야 할 것이 무엇인지를 다시 물어야 한다. 과거와는 다르게! 과거의 공부가 세상에서 좋다고 정해 준 것들을 얻는 일에 있었다면, 지금 우리의 공부는 '오늘, 나의 삶'을 묻는 일에서 출발해야 한다. '오늘, 나의 삶'을 위해 어떤 공부를 해야 하고, 일은 어떻게 해야 하고, 사랑은 어떻게 해야 하고, 사람은 어떻게 만나야 하고, 공동체 혹은 조직은 어떻게 꾸려야 하고, 거기에 필요한 기능은 어떤 것이 있으며, 변화하는 상황에서 발휘해야 할 지혜들은 무엇이며 어떻게 배울 수 있는지를 묻고 탐색하고 훈련해야 한다. 이것이 오늘 우리가 해야 할 '삶으로서의 공부와 일'을 시작하는 것이다. 이 공부와 일은 영원하면서도 늘 새로울 것이다. 이렇게 쓰고 보니 중년인 나도 다를 것이 하나도 없다!

3. '뜻밖'이라는 가문의 일원으로 살아가기

니체는 목적론을 해체한 철학자이다. 니체의 목적론 비판은 '어떤 행위에 대한 대가를 설정하는 모든 것'을 대상으로 한다. 니체는 먼저 '내가 믿기만 하면 천국은 보장되어야 하고, 내가 연민의 정을 내면 나에게도 이웃에게도 복이 저절로 따라와 행복한 삶이 보장되어야 한다'라고 주장하는 그리스도교를 비판한다. 이는 철저한 '교환관계'라는 것이다. 또한 니체는 가능한 많은 사람들의 공명과 이익을 주장하는 공리(功利)주의자들도 비판한다. 니체는 모든 행위마다 어떤 이득을 바라는 이들의 논리는 전형적인 약자의 논리라 비판한다. 니체에게 이 둘은 삶에 활력을 주지 못한다는 측면에서 비판과 극복의 대상이 된다. 둘 다 우리에게 익숙한 비판이니, 동의하기가 그리 어렵지는 않다.

하지만 니체는 이러한 입장의 철저한 반대자였던 칸트마저 목적론에서 벗어날 수 없었다고 비판한다. 즉 지금 현재의 세계는 부조리하고 한없이 비도덕적이지만, 나의 이러한 행위는 결국 인류의 도덕적 진보에 분명한 기여를 할 것이라고 말하는 것은 결국 자신의 행위에 대한 어떤 대가를 설정하는 것이라고 본 것이다.(김동국, 『아무도 위하지 않는, 그러나 모두를 위한 니체』, 삼인, 2019, 229쪽) 니체는 『반시대적 고찰』에서부터 이미 칸트를 '번데기'에 비유하면서까지 신랄하게 비판한 바 있다. 당시 칸트가 구축하려 했던 대학 중심의 철학은 그곳이 아무리 큰 학문을 한다고 간판을 내걸었든, 니체에게는 작은 틀에 스스로를 가두는 것으로 보였다. 이들은 대학 안에서 안정된 학문의 조건을 갖추기 위해 국가와 자본에게 스스로 위험한 존재가 아님을 호소해야 했고, 또 그것에 성공을 거둔 집단들이다.

스스로 점점 작아지고자 하는 이들, 이들은 니체가 비판하는 '번데기'가 맞다. 왜냐하면 니체가 인식한 세계는 '영원회귀'하는 세상에서 '힘에의 의지'만이 작동하는 것, 그 이상도 이하도 아니었기 때문이다. 니체는 "바로 이런 것이 영원히 스스로를 창조하고, 영원히 스스로를 파괴하는 나의 디오니소스적인 세계이다. 이중의 관능적 쾌락이 존재하는 이 신비의 세계. '선과 악 그 너머'의 세계. 순환의 고리가 그 자체에 대해 선한 의지를 느끼지 않는다면 그 어떤 의지도 없는 그런 세계. 당신은 이런 세계에 어떤 이름을 붙이기를 원하는가? 그 모든 수수께끼에 대한 해답을 원하는가? 가장 은밀하고, 가장 강하고, 가장 대담하고, 한밤중과도 같은 당신에게 한 줄기 빛이 필요한가? 이 세계는 권력 의지[힘에의 의지—인용자]이며, 그 외엔 아무것도 아니다. 그리고 당신 자신도 이 권력 의지[힘에의 의지—인용자] 그 외엔 아무것도 아니다."〔니체, 『권력 의지』, 김세영·정명진 옮김, 부글, 2018, 739쪽〕라고 말한다. 따라서 지금 이 세상을 살아가는 우리는 이러한 '힘에의 의지'에 자신을 온전히 맡기는 것 외에 다른 삶의 길은 없다. 이 세계는 결코 고정될 수도, 특별한 목적을 가질 수도 없는 영원히 '생성하고 변화하고 창조하는 세계', 그 이상도 이하도 아니다.

그렇다면 나의 공부와 삶은 어땠을까? 돌아보니 과거 내가 속했었던 대학이라는 집단이 딱 이랬다. 칸트는 대학을 좋아했다. 내가 경험한 대학은 칸트를 참 좋아했다. 나는 칸트에 대해서는 이름만 알았지만 대학은 좋아했다. 그 속에서 공부하고 일하면서 나는 현실의 이해관계에 그리 민감하지 않았다. 어떤 행위를 할 때마다 대가를 바라거나 하는 일은 없었다. 명분에 맞는 일을 하다 보면 내 먹을 것은 저절로 따라올 것이라 믿고 살았다. 그래서 명분은 매우 중요했고, 거기에 큰 의미를 두었다. 이렇게 살아가는 것이 배운 대로 잘 살아가는 것이라 믿었다. 하지만 니체에게는 이해관계에 민감한 것이나, 명분과 의미에 빠져 사는 것이나 별다른 차이가 없다. 어떤 방식이든, 그것은 목적론에 빠진 삶이다. 니체가 보기에 이러한 삶은 '영원회귀'하는 세상에서 생명으로서 '힘에의 의지'가 작동할 수 없는 삶이다.

하지만 이런 나에게 다른 배움과 삶의 길을 열어 갈 기회가 왔다. '니체'와 '불교'와의 만남! 특히 니체는 나를 '뜻밖'이라는 가장 오래된 가문의 일원으로 이끌었다. 니체는 말한다. "'뜻밖' 이것이야말로 세계의 가장 오래된 귀족이다. 나는 이 귀족을 만물에 되돌려 주었고, 만물을 목적이라는 노예 상태에서 구해 주었다"(니체, 「해 뜨기 전에」 『차라투스트라는 이렇게 말했다』 299쪽)라고. 나는 '뜻밖'이라는 가장 오래된 가문을 만나 과거 나의 공부와 결별할 수 있었다.

과거에 내가 속했던 그룹에는 선생님도 계셨고 선후배 동료들도 있었다. 선생님도 우리도 모두 배운 대로 살려고 애썼다. 그때 우리의 배움에는 '사회적 실천'이라는 명분과 목적도 분명했다. 하지만 세월이 흐를수록 명분과 목적만 남고, 사람은 하나둘 떠나기 시작했다. 지금은 내가 가장 멀리 과거의 공부에서 떠났다. 떠날 당시에는 왜 그런지 알지 못했다. 서로가 서로에게 섭섭함만 남았고, 각자의 길이 있으려니 생각했다. 하지만 지금 그때를 생각하면서 이런 질문이 들었다. "그때 우리들은 어디를 향해 나아가고 있었지?" 우리는 열심히 달려가고 있었지만, 우리의 마음이 어디로 가고 있는지는 몰랐다. 다만 '그 결과는 더디 오겠지만, 우리로 인하여 언젠가는 더 좋은 세상이 올 것'이라고 막연히 믿었다. 이랬던 나에게 "그들은 엉터리로 배우고 최선의 것을 배우지 못했으며 모든 것을 너무 일찍, 너무 빨리 배웠다. (……) 그러니 그대들은 오직 창조하기 위해서만 배워야 한다!"(니체, 「낡은 서판과 새로운 서판에 대하여」 앞의 책, 369~370쪽)라는 니체의 속삭임이 들리기 시작했다. 나는 이제 제대로 배우기 위해, 가장 좋은 것을 배우기 위해, 오직 창조를 위한 배움을 위해, '어떻게 살아야 하는가?'라는 질문을 가지고 살아가고 있다.

니체는 내게 지금까지 한 번도 올라가 보지 못한 높이로 올라갈 것과 지금까지 한 번도 내려가 보지 못한 깊이로 내려갈 것을 요구한다. 그러면서 이 높이와 깊이는 다른 것이 아니라, 원래는 하나였다고 말한다.

일찍이 나는 이렇게 물었다. 가장 높은 산들은 어디서 오는가? 그리고 나는 그것들이 바다에서 온다는 것을 배웠다.
그 증거는 산의 바위와 산 정상의 암벽에 쓰여 있다. 가장 높은 것은 가장 깊은 것에서 나와 그 높이에 도달해야 한다.(니체, 「방랑자」,『차라투스트라는 이렇게 말했다』, 278쪽)

'니체'와 '불교'. 나에게 정말 낯선 공부였다. 그러나 이 낯선 공부가 나를 조금씩 바꾸고 있다. 이 낯선 공부는 나를 조금 더 높은 곳으로, 조금 더 깊은 곳으로 이끌고 있다. 나는 이제 '사회적 명분과 목적이 아닌 일상이 공부와 삶이라는 것', '내 본성을 잃지 않고 살아가는 것이 삶에서 가장 중요하며, 이것이 생명력 있고 활기찬 삶이라는 것', '삶의 활기는 외부에서 오는 것이 아니라 내가 내 힘으로 한 걸음 걸어갈 때 만나게 된다는 점' 등을 내 삶의 새로운 서판으로 걸었다. 이러한 서판을 바라보며 나는 이제 어떤 낯선 공부도, 어떤 낯선 사람들과도 함께할 수 있는 몸이 되고 있다. 어떤 사건을 만나도 감당할 수 있겠다는 자신감도 생긴다. 뿐만 아니라, 우연적인 사건은 그 자체로 내 삶의 힘이라는 생각도 하게 되었다. 가끔은 '내가 이렇게까지 니체를 이해할 수 있다니!', '내가 부처님 말씀을 이렇게 좋아하게 되었다니!'라며 감탄하기도 한다. 하지만 이것이 다는 아닐 것이다. 이것은 단지 내가 과거와는 다른 좀더 재미있는 일상을 살고 있다는 증거일 뿐이다. 언제 사라질지 모르는 한줄기 빛을 보았을 뿐이다.

그러니 나는 이제 새로운 과업으로 나아가야 한다. 하여, 나는 이제 '위버멘쉬'를 새로운 과업으로 삼는다. '위버멘쉬'를 삶의 과업으로 삼는다는 것은 '영원회귀'를 우주 운행의 원리로 삼고, 스스로의 운명을 긍정하고 사랑할 수 있는 높이에 오른다는 것이다. 그 높이에서 우리는 우리 자신과 존재하는 것의 총체인 우주가 하나가 되는 체험을 하게 된다. 우주와 하나가 되는 체험에서 우리는 존재하는 모든 것을 사랑하게 되며, 그 사랑이 우리 자신에 대한 사랑이 되어 무한한 기쁨을 누리게 된다. 그 같은 높은 경지에 올라 세계와 자신의 존재를 사랑하기에 이른 사람이 '위버멘쉬'이다.

이처럼 생을 병들게 한 초월적 이념과 신앙, 도덕의 굴레에서 벗어나 건강을 되찾은 사람, 힘에의 의지를 자신의 존재 방식으로 받아들인 사람, 영원한 회귀에서 오는 허무주의를 딛고 일어선 사람이 니체가 머릿속에 그린 위버멘쉬다. 위버멘쉬의 과정에서 자신과 세계를 상실한 인간은 자신을 되찾고 세계를 되찾게 된다. 그 순간, 주변은 한층 밝아지고 청량한 기운까지 감돌게 된다. 새로운 아침을 맞게 되는 것이다.

하지만 니체는 지금까지 위버멘쉬가 존재한 적이 없다고 했다. 니체는 자신의 가르침에 따라 앞으로 한 사람 한 사람이 영원히 위버멘쉬의 길을 가기를 원했다. 인간이 추구해야 할 것은 행복이 아니라 '위버멘쉬'라는 과업이다. 이렇듯 위버멘쉬는 인간 모두가 이 지상의 나라에서 스스로 성취해야 할 과업이다. 그런 점에서 '위버멘쉬'와 '깨달음의 길'은 다른 것이 아니다.

2장 삶을 쓰다

1. 글은 승리의 기록이다

니체의 글은 독특하다. 니체는 사상만이 아니라, 글쓰기의 스타일에서도 현대인들의 습관을 많이 흔들고 있다. 그는 현대인들의 삶에 관한 거의 모든 것을 사유했고, 그것을 자신만의 문체로 남겼다. 철학자 니체가 강조한 것은 사유이지만, 그것은 그의 글쓰기와 분리될 수 없다. 이런 니체가 어느 날 "어리석은 저자여, 도대체 무엇 때문에 그대는 글을 쓰는가?"_{니체, 「금서」 『인간적인 너무나 인간적인』, 504쪽}라는 질문을 던진다. 그리고 "보다 잘 쓴다는 것은 동시에 보다 잘 사색한다는 것"_{니체, 「훌륭하게 글쓰는 법을 배우는 것」 앞의 책, 502쪽}을 의미하고, "문체를 바로잡는 것은 사상을 개선한다는 것일 뿐, 그 이상의 아무것도 아니"_{니체, 「사상을 나아지게 하는 것」 앞의 책, 309쪽}라고 답한다. 니체에게 글쓰기는 곧 사유였고, 그의 사상이자 인격이었다. 하여, 우리가 니체의 글쓰기를 배운다는 것은 나의 사상과 인격을 만들어 가는 것, 그리고 세상과 소통하는 것과 분리될 수 없다. 니체에게 글은 삶이고, 곧 그 기록이다. 하지만 니체가 생각하는 글과 당시 작가들의 글은 그 방향과 내용에서 많이 달랐다.

글을 쓴다는 것은 언제나 승리를, 나아가서는 타인과 나눔으로써 쓸모 있을 '자기 자신'의 극복을 알리는 것이어야 한다. 그러나 무엇인가 소화할 수 없는 것에 부딪힐 때에만, 게다가 그것이 이미 입에 걸렸을 때에만 글을 쓰는 소화불량을 앓는 작가들이 있다. 무의식중에 그들의 노여움과 답답함을 털어놓음으로써 독자를 화나게 하거나 독자에게 어떤 폭력을 휘두르고자 애쓴다. 즉 그들 또한 승리를 거두려고 한다. 그러나 타인에 대한 승리를 얻으려는 것이다.(니체, 「글 쓰는 것과 승리하려고 하는 것」 앞의 책, 367쪽)

'승리의 기록!?' 니체 당시의 작가들도, 예전의 나도 그렇게 생각했다. 세상의 일에 관심이 많았고 그렇게 해야 한다고 배웠던 나는 늘 내 눈에 보이는 세상의 결함을 찾으려 했다. 그 결함을 지적하고 대안을 제시하는 것이 내가 공부하고 글을 쓰는 이유였다. 그래서 나는 학문적 배경을 '사회학'으로 잡았다. 사회학적 안목이 내게 세상에 대한 예리한 눈을 갖게 해줄 것이고, 이 눈으로 세상의 결함을 찾아내려 했다. 세상의 결함이 찾아지면 그것을 해결할 수 있는 대안적인 제도와 정책을 제안하고 실천하려 했다. 반대하는 사람들이 있으면 그것은 기득권층들이 늘 하는 반대려니 생각했다. 그 과정에서 내가 관여한 일 중 하나가 예를 들면 '선행학습 금지법' 같은 것이다. 당시 사교육으로 인한 교육 불

평등이 해결되지 않으니, 우리가 짜낸 가장 극단의 처방이 학교나 학원, 그리고 대학입시에서 선행학습을 법으로 규제할 필요가 있다는 것이다. 그리고 그 법의 적용을 엄격히 하면 사교육비가 줄어들고 사회경제적 지위에 따른 불평등을 해결할 수 있다는 기대를 했다. 이 법이 국회에서 통과되는 날 우리는 모두 쾌재를 불렀고, 언론의 관심과 주변에서 많은 칭찬과 후원을 받았다. 우리는 승리의 노래를 불렀다.

하지만 이후에도 우리가 기대했던 '사교육비 감소와 왜곡된 교육의 정상화'는 이루어지지 않았다. 나는 답답함을 느꼈지만 별다른 해결책은 찾지 못했고, 그저 세상의 두꺼운 벽을 원망하는 정도였다. 하지만 이제는 알았다. 당시 그 승리는 나에 대한 승리가 아니라 '다른 사람에 대한 승리'였음을! 어쩌면 이 법은 세상을 시끄럽고 성가시게만 하고 문제는 하나도 해결하지 못한 채, 언젠가 무의미한 것이 될지도 모른다. 최근 논란이 되는 부동산 관련 각종 규제법도 마찬가지일 것이다. 아무리 머리를 짜내 법을 만들어 봐야 미쳐 날뛰는 투기 자본이 가진 힘과 그 유동력을 막을 수 없다. 새롭다는 정책 또한 우리가 수십 년 동안 경험했듯이 세상을 성가시게만 하고 문제는 더 꼬이게 만드는 일이 될 것이다. 이번에는 반드시 승리한다고 말하고 때론 승리했다는 증거를 이리저리 끌어모으지만, 지표도 믿을 수 없을 뿐만 아니라 애당초 승리할 수 있는 일이 아니다. 진정한 승리를 원한다면 완전히 다른 접근이 필요하다. 교육과 경제만이 아니라 우리 삶의 모든 영역에서 마찬가지이다. 완전히 다른, 니체식으로 말하면 '가치의 전환'이 이루어진 접근법이 필요하다.

니체는 '글을 쓴다는 것은 언제나 승리를, 나아가서는 그것이 다른 사람에게 쓸모 있는 것'이어야 한다고 말했다. 여기까지는 니체 당시의 작가들, 그리고 과거의 내가 했던 것과 다르지 않다. 하지만, 니체는 글이란 "'자기 자신'의 극복을 알리는 것이어야 한다"라고 말한다. 니체는 어떤 글을 또 어떤 삶을 말하고 있는 것일까? 우리에게 어떤 변화가 있기를 기대하는 것일까? 니체를 읽고 쓰는 활동을 통해 최근 나에게 '욕심'과 '욕망'을 다르게 보는 안목이 생겼다. 니체는 '욕망'을 긍정한 철학자이다. 하지만 이것은 욕심과는 구별되는 것이다. 우리는 욕심과 욕망을 혼동하는 경우가 많다. '욕심'이 시대가 만들어 낸 충동이라면, '욕망'은 인간 본성의 충동으로서 이는 생명력의 근원이다. 니체가 긍정한 것은 욕심이 아니라 욕망이다. 우리는 욕심을 욕망으로 착각하기 쉽고 그렇게 착각하면서 공부하고 살아온 경우들이 많다. 돌아보면 지난 시절 내가 했던 많은 노력들은 욕망과 욕심을 구별하지 못한 상태에서 한 활동이었다. 인간 본성에 대한 깊은 관심과 탐구가 부족한 상태에서 교육과 직업, 문화 혹은 부동산과 같은 것들을 누구나 차별 없이 활용할 기회가 주어진다면 그것이 최상이라 생각했다. 당시 나의 인식이 시대에 갇혀 있었으니, 그 속에서 어떤 대안이 나와도 그것이 나의 앎과 삶을 근원적으로 바꿀 수는 없었다. 그 속에는 나의 '피'가, 나의 '혼'이, 나의 '넋'이 있을 수 없었다. 내가 하는 일에 '이런 것들이 있어서도 안 된다!'라고 생각했다. 그저 냉정한 자료만이 필요한 글이었고 활동이었다. 내가 다른 사람에 비해 조금 다른 점이 있었다면 '나의 이기적인 욕심을 위해 살지 않겠다'라는 것, '남을 짓밟으면서 살지는 않겠다'라는 생각을 하며 살았다는 정도이다.

하지만 이제 나의 공부와 글은 과거의 것과 다르다. 내가 니체를 읽고 쓴다는 것은 시대에 갇힌 욕심을 걷어 내고 그 자리에 나의 욕망이 드러나게 하는 것이다. 이 욕망은 욕심과 달리 생명이 느끼는 삶의 의지이다. 욕심이 나의 생명력을 갉아먹는 것이라면, 욕망은 나의 생명력을 고양시켜 기분을 좋게 하고 나를 명랑하고 활기차게 한다. 내가 공부를 하는 이유는 무엇일까? 내가 글을 쓰는 이유가 무엇일까? 그것은 또 다른 나의 욕심을 채우기 위해 하는 고생스러운 활동이 아니다. 그것은 나의 욕망을 보고 그것을 내 일상의 삶으로 끌어내는 활동이다. 지금까지 내가 가진 욕심이 나의 욕망이 아님을 알고 하나씩 버려 가며, 그 자리를 나의 생생한 생명력으로 바꾸는 활동이다. 이것이 욕심을 채우는 일보다 더 힘들지언정 나는 기꺼이 이 일을 해낸다.

건강한 생명으로 살아가겠다는 욕망이 하나씩 드러나고 있는 사람에게 '사교육'과 '본질이 왜곡된 교육', '부동산 투기'는 어떤 의미로 다가올까? 내 아이에게 '선행' 혹은 '과잉 교육'을 한다고 생각해 보자. 이것은 나의 삶과 아이들의 삶을 살리기는커녕 이들의 생명력을 희생한 대가로 시대가 만들어 낸 허상을 좇아가는 꼴이 될 것이다. 부모가 자식의 생명력을 갉아먹는 대가로 얻는 사회적 욕심이 지금 우리의 교육이다. 반대로 시대에 갇힌 욕심이 아닌 생명이 가진 욕망을 볼 수 있는 힘이 생기는 순간 우리에게 새로운 세상이 펼쳐진다. 세상은 온통 공부거리이고, 경이로움과 호기심으로 가득 찰 것이며, 글감은 넘쳐 날 것이다. 부동산도 마찬가지가 아닐까? 내가 한 인간으로서 본연의 생명력을 발현하면서 살아가는 데 필요한 것들이 무엇인지를 상상해 보자. 우리에게 이러한 안목이 조금이라도 있다면 지금의 정책들로 부동산 문제를 해결하려는 노력들은 어떤 의미가 있을까? 이제 우리는 이 정책의 성공과 실패를 예측하는 것이 아니라, 이것들이 생명을 얼마나 성가시게 하는가를 상상해 볼 수 있어야 한다. 그러면 생명력의 발현을 위해 사용되어야 할 에너지를 희생하여 얻는 대가가 투자의 성공이라는 것을 알게 될 것이다.

언젠가 감이당을 이끌고 계신 곰샘에게 이런 질문을 한 적이 있다. "어떻게 수유(너머) 시절, 30년 전부터 지금까지 이런 공부와 글쓰기를 하실 생각을 하셨어요?" 답은 간단했다. "본성대로 산 거지~!" 그러나 그 울림은 강렬했다. 선생님은 분명 자기 자신에 대한 극복의 표시로서 글을 쓰고 살아오셨다. 그 승리가 지금의 책과 감이당 공동체로 남아 있고 앞으로도 이어질 것이다. 나는 이제 막 그 길을 가고 있다. 이제 나도 내 본성이 이끄는 삶을 위해 공부하고 글을 쓴다. 몇몇 친구들과 함께! 이것은 달리 표현하면 '나로의 귀환'을 위한 공부와 글쓰기의 과정이다. 이제 알겠다. 니체가 왜 "나는 모든 글 가운데서 자신의 피로 쓴 것만을 사랑한다. 피로 써라. 그러면 그대는 피가 정신임을 알게 될 것이다"{니체, 「읽기와 쓰기에 대하여」, 『차라투스트라는 이렇게 말했다』 72쪽}라고 말했는지를! 나는 이제 승리의 기록으로서의 글을 쓸 것이다. 그 승리는 과거 내가 했었던 논리나 자료에 한정된 작은 이성이 승리한 글이 아니다. 이제 그 승리는 나의 큰 이성(신체, 몸)으로 사유하고 변화하고 소통한 글이 될 것이다. 그래야 글과 함께 내 삶도 달라질 것이다. 이제 나의 글은 본성대로 살아간 삶의 과정에 대한 기록이다.

2. 글쓰기, 나를 키워 세상을 품다

니체의 글은 '승리의 기록'이었다. 그에게 글을 쓴다는 것은 '가치의 전도'이고, '본성의 회복'이며, '자기 극복'이자, '자기 고양'으로 나아가는 길이었다. 니체는 이렇게 글을 썼다. 나아가 그의 글쓰기는 결코 자신 안에 갇혀 있지 않았고, 어느 지점에서 만족해하며 머물러 있지도 않았다. 그의 글쓰기는 '자신에게로의 귀환'이면서, 동시에 세상과 소통할 수 있는 사상과 문체를 찾아가는 과정이었다. 때론 친절하게 글쓰기의 기술을 우리에게 가르쳐 주기도 하면서! 그러니 오늘은 글쓰기에 관한 그의 친절한 가르침에 귀 기울여 보자. 그의 가르침은 글쓰기를 고민하는 사람들, 특히 '고전-리라이팅'을 하려는 사람들에게 유익하고 재미있다.

내게로 들어오는 글

글은 우리가 세상을 만나고 세상 속으로 들어가는 길이다. 특히 고전은 우리가 세상을 살아가는 길잡이로 삼을 수 있는 책이다. 그래서 우리는 고전을 읽고, 필사하고, 암송하고, 토론한다.

일부에게는 '고전-리라이팅'이 목표가 되기도 한다. 이 과정에서 많은 글들이 내게로 들어오고 나를 통해 세상으로 나간다. 하지만 이 활동에서 주의해야 할 것이 있다.

> 젊은 작가들은 좋은 표현, 좋은 사상은, 그것과 비슷한 것 사이에서만 훌륭하게 보이고, 훌륭한 인용구가 섞이면 페이지 전체뿐만 아니라 책 전체가 쓸모없게 된다는 사실을 모른다. 그 인용구가 독자에게 경고하며 이렇게 말하는 것처럼 생각되기 때문이다. "주의하라, 나는 보석이며 나의 주위에 있는 것은 납, 빛깔이 바랜 부끄러운 납이다!" 어떤 말, 어떤 사상도 '자기의 사회 속'에서 살고 싶어 하며, 그것이 뛰어난 문체의 도덕이다.(니체, 「인용할 때의 주의점」 『인간적인 너무나 인간적인』 510쪽)

우리는 글을 쓸 때 '인용문'을 중요시한다. 좋은 인용문은 나의 문제를 객관적이면서도 깊게 볼 수 있는 참조틀이 된다. 인용할 문장을 잘 선택하고 그것을 중심으로 나의 사유를 집중하면 좋은 글을 쓸 수 있다. 우리가 주로 읽는 것은 '고전'이니, 이 책들에는 훌륭한 사상과 문장들로 가득 차 있다. 그래서 우리는 글을 써야 할 때가 다가오면 이 책 저 책, 혹은 이 페이지 저 페이지를 오가며 '좋은 표현'과 '좋은 사상'을 메모하고 끌어모은다. 그런데 딱 여기까지이다. 그동안 메모하고 끌어모은 글들은 대개 나의 사유를 넓고 깊게 해 주기는커녕 마치 난공불락의 큰 산을 마주하고 있는 듯한 느낌을 줄 때가 솔직히 더 많다. 감당하기 어려운 '사상'과 '표현' 앞에서 그저 시간만 보내다 억지로 양만 채운 경험이 다들 있을 것이다.

왜 이럴까? 예전에는 답답하기만 했다. 하지만 이제 그 이유를 알겠다. 내가 인용한 문장들은 분명 '보석'이 맞다. 그야말로 주옥같은 문장들이다. 하지만 나는 이 보석 주변에 납덩이와 같이 무겁고 빛바랜 나의 사유와 글을 올려놓고 말았다. 스스로 사유를 넓히려는 노력을 해야 할 딱 그 시점에 나의 사유를 더 끌어가지 않고 인용문으로 그 노력을 대신한 것이다. 훌륭한 사상과 문체는 그 사상과 문체가 살아날 수 있는 훌륭한 지반을 필요로 한다. 그러니 좋은 문체와 사상을 가져오고 싶다면, 나의 사유를 거기까지 끌어올려야 한다. 나의 사유와 문체가 내가 인용한 사상가의 그것이 피어날 수 있는 풍성한 바탕이 될 수 있어야 한다. 다시 말해 '나'라는 존재가 니체의 사상과 문체를 받아들일 만큼의 그릇이 되어야 한다. 내 존재의 질을 높이지 않고서는 니체를 읽고 쓸 수 없다. 내 존재의 질이 높아지는 만큼 니체가 읽히고 또 니체를 쓸 수 있다. 그렇다면, 이제 나의 공부의 과제는 분명해진다. 내가 니체를 읽는다는 것, 니체의 문장을 필사하고, 때론 암송한다는 것은 니체의 사상과 문체가 나에게로 와서 자랄 수 있도록 나를 만드는 활동이다. 이러한 활동을 통해 내가 만들어지는 만큼 나는 니체를 읽을 수 있다. 그리고 또 쓸 수 있다.

세상으로 나가는 글

나는 감히, 혹은 기꺼이 말한다. '니체가 읽힌다!'라고. 니체의 글이 나에게로 와서 내 삶의 자양분이 된다는 말이다. 그리고 이 말은 이제 니체의 글이 나를 통해 세상으로 나갈 때가 되었음을 암시하는 말이기도 하다. 내가 감히 니체의 글을 세상에 내보낼 수 있을까? 걱정이 앞서지만 아래 니체의 말을 기억하면서, 나의 글을 감히 세상으로 내보낸다.

> 그들은 이 인습으로 대중과 연결되어 있었다. 즉 인습은 청중의 이해를 받기 위해 '획득된' 예술 수단이며, 애써 습득된 공통어이다. 이것으로써 예술가는 실제로 자기를 남에게 '전달할' 수 있다. (……) 일반적으로 이 독창적인 것은 경탄받으며, 때로는 숭배되기까지 하지만 이해되는 일은 거의 없다. 인습을 고집스럽게 무시하는 것은 이해되기를 바라지 않는다는 뜻이기 때문이다.{니체, 「예술에서의 인습」, 『인간적인 너무나 인간적인』, 514쪽}

니체를 읽다 보면, 나아가 니체로 인해 변화하는 나의 생각을 쓰다 보면, 내가 하려고 하는 모든 것은 이미 남들이 다 해 놓았다는 생각이 들 때가 많다. 그래서 '남들이 하지 않는 뭔가 특별한 것이 하나만 있으면 나의 니체 공부와 글쓰기가 멋지게 잘 될 텐데!'라는 생각을 자주 하게 된다. 그래서 나만의 독창적인 무엇을 고민하고 또 고민한다. 이는 나만의 문제가 아니라 글쓰기 훈련과정에서 자주 목격되는 장면이기도 하다. 파격적인 내용과 형식이라며 가져오는 경우들이 있다. 정말 가끔 신기하다고 칭찬받고, 아주 잠깐 '나도 한번 해볼까?'라는 부러움의 대상이 되기도 한다. 하지만 대부분은 글의 형식도 설득력이 없고, 무엇보다 결정적으로 그 글이 무엇을 말하고 있는지 알 수 없다. 한마디로 '이해 불가', '소통 불가'인 글이다. 당연히 제대로 된 글이 아니다.

우리는 흔히 니체의 글이 독창적이라 생각하지만, 그것은 결코 이해되지 않고 소통되지 않는 독창성이 아니다. 니체는 글쓰기에서 독창성보다 소통을 강조한다. 그는 자신의 전공이었던 그리스 고전문헌학에서 배운 호메로스의 글을 탐구하면서 호메로스의 글은 자신의 독창성을 드러내는 것이 아니라 "4분의 3은 인습"{니체, 「예술에서의 인습」 앞의 책, 513쪽}에 따른 것임을 강조한다. 호메로스가 인습(관례)을 따른 이유는 그것이 당시 대중들과의 소통을 위해 고안되고 개발된 예술 수단이자 공통어였기 때문이다. 글을 쓸 때 독창적이어야 한다는 명분에 사로잡혀 소중한 소통의 수단을 함부로 해서는 안 된다. 언제나 대중과의 소통을 생각하면서 자신의 사유를 담을 수 있는 수단을 고안해 내야 한다. 니체의 글쓰기가 그랬다. 그가 강조하는 글쓰기의 기술은 경탄과 숭배보다 대중들의 이해가 더욱 중요했다. 니체의 대표적인 문체인 아포리즘은 그 자체의 독창성에 목적이 있는 것이 아니라, 대중의 이해에 일차적인 목적이 있었다. 하지만 여전히 니체를 읽는 많은 독자들이 초반에 어려움을 겪는 이유는 따로 있다. 니체가 자신의 문체를 바꾸면서 가장 중요하게 고민한 것은 어떤 글쓰기가 현대인들로 하여금 '자기 극복이 가능한 사유'를 하게 할 수 있느냐에 있었다. 니체는 자신의 글을 통해 현대인들의 사유를 바꾸고자 한 것이다. 우리의 사유가 시대에 갇혀 있기에 또 우리의 사유가 형이상학적 희망에 갇혀 있기에 니체가 읽히지 않는다는 것을 정확히 알 필요가 있다. 사유를 바꾸고, 나아가 삶을 바꾸려는 의지만 있다면 니체의 사상과 글은 그렇게 어렵지 않게 읽을 수 있다. '니체 읽기'가 나라는 존재의 깊이와 넓이의 문제이듯, '글쓰기' 또한 예외일 수 없다. 나를 키워야 쓸 수 있다. 이런 이유에서 이곳 감이당에서는 나의 존재를 키우기 위한 글쓰기 훈련에서 '생활 철학 에세이'라는 방법이 많이 활용된다. 이 방법은 간단히 말해 공부를 통해 변화하는 자신의 생각과 일상을 진솔하게 기록하는 것, 일명 '내 삶의 철학자-되기'이다. 물론 이렇게 쓰여진 글을 니체를 공부하는 사람들과 다시 읽고 토론하면 가장 좋다.

그럼에도 불구하고 대중과의 소통은 우리가 자유롭게 사유하고 글을 쓰는 과정에서 구속일 수 있다. 세상과의 소통에 대한 부담감은 분명 구속이지만, 니체가 가르치는 글쓰기는 이러한 구속 속에서 자유롭게 서고, 걷고, 뛰고, 날고, 춤추는 것을 배우라는 것이다. 세상 속에서 세상과 더불어 내가 존재하는 만큼 니체를 쓸 수 있다. 니체는 이를 중력에 비유하여 설명하면서 심지어는 얼음판 위에서도 춤추고 물구나무서서도 춤출 수 있는 가볍고 유쾌한 존재가 될 것을 주문한다. 중력을 회피한다면 내가 세상에서 존재하기 어렵듯이 나의 글쓰기가 세상과의 소통을 회피한다면 그 글은 나와 세상을 키우는 자양분이 될 수 없다. 나의 존재는 중력 속에서 중력과 더불어 그 질이 높아지고 깊어질 수 있듯이 나의 글은 세상 속에서 세상과 더불어 꽃피고 자유로울 수 있다.

새롭게 만들어지는 나와 세상

읽고, 필사하고, 토론하고, 암송하면서 니체의 글은 쉬지 않고 나에게 들어온다. 글쓰기를 하면서 나는 니체를 세상으로 내보낸다. 이 과정에서 나는 무엇이 얼마나 달라지고 있을까? 또 얼마나 생생하게 살아가고 있을까? 또 내 글을 보는 사람들, 또 보게 될 사람들은 무엇이 어떻게 얼마나 바뀔까? 물론 당장 무언가를 기대하는 질문은 아니다. 다만 나에게 니체가 들어오고, 나를 통해 니체가 다시 세상에 나가는 것을 지속할 뿐이다. 그만큼 니체를 통해 나를 보는 힘이 커질 것이고, 동시에 세상을 보는 힘도 커질 것이다. 이 과정을 거치면서 내 마음속에 나와 세상에 대한 지향점이 하나 생겼다. 니체는 사유와 글쓰기를 통해 "존재하는 것에서 버릴 것은 하나도 없으며, 없어도 좋은 것은 하나도 없다"(니체, 「나는 왜 이렇게 좋은 책을 쓰는가」, 『이 사람을 보라』 87쪽)라는 차원으로 나아갔음을 고백하고 있다. 그렇다. 니체를 읽고 쓰면서 앞으로 내가 가야 할 길도 분명하다. 나의 글쓰기는 니체가 열어 놓은 '세상에 존재하는 모든 것을 위대하게 긍정'하는 길로 나아가는 것이다. 하여, 글쓰기는 나를 키워 세상을 품는 활동이다.

3. 글쓰기, 위대한 건강으로 가는 길

글쓰기가 건강을 어떻게 한다고?

출판사로부터 니체의 글쓰기에 관한 글이 한 편 정도 더 있으면 좋겠다는 말을 듣고 고민하던 중, 공작관(깨봉빌딩 2층에 있는 공부방 이름 중 하나)에 함께 있던 학인들에게 '글쓰기가 건강으로 가는 길이 된다'는 내용의 글을 써 보면 어떨지를 물어 보았다.

"○○아, 글쓰기가 건강해지는 길이라는 주제로 글을 써 보면 어떻겠니?"

학인 1. "안 돼요, 선생님! 깨봉(감이당&남산강학원 학인들이 공부하는 공간인 깨봉빌딩)에 글 땜에 고생하고 심하면 건강을 망치는 사람들이 얼마나 많은데……. 글쓰기로 건강해지기는커녕, 건강을 망치죠!"

학인 2. "맞아요! 유명한 소설가들도 탈고하고 나면 심지어 탈장을 겪을 정도라는데 우리 같은 사람들이 하는 글쓰기가 건강으로 가는 길이라니 말이 안 되죠!"

그렇다. 인문의역학과 고전 공부를 통해 삶의 지혜를 얻고자 하는 이곳 깨봉빌딩에는 거의 매일 글쓰기 때문에 머리를 쥐어짜거나 마음을 잡지 못하는 사람들이 많다. 특히 학기말 에세이라도 쓰는 날이면 이곳 깨봉빌딩은 이런 학인들로 넘쳐난다. 나 역시 예외는 아니다. 대중지성 프로그램을 할 때, 읽고 토론하는 것쯤은 가볍고 즐겁게 해 나가다가도 '글쓰기'라는 마지막 관문 앞에서는 언제나 숨이 막히고 심지어는 이번이 마지막이라는 생각으로 과제를 수행해 왔다. 특히 그 글쓰기가 1회성도 아니고, 연재를 해야 할 때, 그 중압감은 말로 표현하기 힘들 정도로 크다. 글쓰기의 중압감은 예전에 대학에서 쓰던 논문이라는 형식의 글이든, 여기 감이당에서 쓰는 에세이 형태의 글이든 마찬가지이다.

글쓰기는 정말 힘든 일이 맞다. 그리고 자주 건강을 해치기도 한다. '내 인생의 주역'을 연재할 때, 나를 포함한 8인이 돌아가면서 글을 쓰고 서로 코멘트를 해주는 사람들이 있었음에도 불구하고 그 과정을 겪어 나간다는 것은 분명 힘들었다. 특히 이 책의 초고 일부이기도 한 '니체 사용설명서'를 2주에 한 번 연재하는 과정은 많이 힘들었다. 내 글을 읽고 코멘트해 주는 학인들에게 미리 초안을 보낼 때가 다가오면 몸이 아파오는 경험을 거의 매주 했다. 혹시 '내가 몸살이 나서 이번 글을 못 쓰는 것은 아닌지', 심한 경우 '내가 코로나에 걸린 것은 아닌지'라는 생각이 매번 들었고 실제로 몸이 아프기도 했다. 하지만 그렇게 심하지는 않았기에 억지로 초고를 썼다. 그런데 참 신기한 것은 이 초고를 학인들에게 메일로 보내고 나면 어느 순간 몸이 가벼워지고 기분도 좋아졌다는 점이다. 참 웃기는 이야기이지만 사실이다. 물론 초반에는 이런 내 몸과 마음의 변화 상태를 몰랐기에 많이 당황했고, 어느 정도 시간이 지나고 나서는 '또 그렇구나!'라는 것을 알았기에 당황스럽진 않았지만 그렇다고 몸살 기운이 일어나지 않는 것은 아니었다. 그러니 나 역시 글쓰기가 위대한 건강으로 가는 길이라는 말을 함부로 할 수 없었다.

더 강하고, 더 유쾌하게

많은 사람들이 공부가 하고 싶다는 마음으로 이곳 감이당과 남산강학원을 찾는다. 또 많은 사람들이 이런저런 이유로 이곳 공부를 그만둔다. 내가 대중지성 프로그램을 할 때도, 니체 세미나를 할 때도 이런 현상은 늘 반복되었다. 그런데 나는 이 과정에서 사람들이 공부를 그만두는 데는 공통된 이유가 있음을 발견했다. 하나는 니체든 누구든 어려운 철학자들의 글을 혼자서는 읽기가 쉽지 않기에 함께 공부를 해 보고자 하는 의욕이 생겨 이 공간을 찾아왔지만 몇 번 참석해서 니체를 읽어 보아도 도무지 읽히지 않기에 그만두는 사람들이다. 특히 일을 병행하는 사람들의 경우, 이 난관을 넘어서기가 쉽지 않다. 그래서 니체 세미나에 처음 오시는 분들에게 늘 당부한다. "6개월만 버텨 보시라! 제발!"

그러면 어느 순간 "나도 니체가 읽힌다!"라는 말을 하면서 세미나를 계속하게 될 것이라고. 하지만 많은 사람들이 니체 읽기를 그만둔다. 또 다른 이유로 니체의 글이 읽히는 사람들 중에서 의외로 세미나를 그만두는 분들이 많다. 읽기 훈련이 되었으니 이 정도로 됐다고 만족하는 사람들도 있겠지만 내가 관찰한 경우에는 다른 이유가 있었다. '니체와 자신의 부딪힘'이 시작된 사람들이다. 니체의 사상이 자신의 생각과 충돌하는 부분이 생기더라도 그냥 읽고 토론하는 정도에서는 적당히 넘어갈 수 있다. 하지만 공부가 좀더 깊어지고 특히 글쓰기로 나아가면 '니체와 나와의 충돌'은 적당히 넘어갈 수 없다. '나를 불편하게 하는 니체 공부를 그만둘 것인가?' 아니면 '나를 깨고 다른 존재가 되어 니체를 계속 만날 것인가?'라는 고민이 시작되는 것이다. 니체의 글이 잘 읽히지 않는 문제는 약간의 인내만 있으면 해결할 수 있다. 하지만 니체와 내가 충돌하는 문제는 일반적인 방법으로는 해결할 수 없다. 나는 이 충돌이 우리가 니체를 읽고 쓰는 이유가 되어야 한다고 생각하기에 이 과정은 매우 중요한 전환점이라 생각한다.

니체는 우리에게 새로운 존재가 되기를 요구한다. 새로운 존재가 되기 위해 우리에게는 니체 철학이라는 강력하고 새로운 수단이 필요하다. 그리고 그것을 니체는 '새로운 건강'이라 이름 붙인다. 물론 이 새로운 건강은 우리를 더 강하고, 더 명랑하게 할 것이다.

우리 새로운 자, 익명의 자, 이해하기 어렵고 정해지지 않은 미래의 조숙아들은 새로운 목적을 위해 역시 새로운 수단을 필요로 한다——즉 새로운 건강, 종래의 어떤 건강보다도 더 강하고, 빈틈없으며, 더 거칠고 더 대담하고도 즐거운 건강을.(니체, 「위대한 건강」 『즐거운 지식』 361쪽)

내가 '니체 사용설명서'를 연재하는 동안 다른 글을 연재한 분이 있었다. 마침 연재를 종료하는 시점도 비슷해서 우리 둘은 연재 기간 동안의 이런저런 감회를 나눌 기회가 있었다. 물론 처음에는 그동안 힘들었던 과정을 서로 위로하는 멘트를 주고받았다. 다음 대화는 자연스럽게 지난 1년여 기간이 '힘들었다!'라는 말로는 끝낼 수 없는 특별한 경험을 나누는 것으로 이어졌다. '글쓰기의 힘듦'은 누구에게나 당연한 것이었지만, 초고를 쓰고 학인들의 코멘트를 받아 수정하는 과정에서 나는 '내가 그동안 몰랐던 나'를 발견했다는 말을 했고, 그분 또한 '유사한 경험을 했다'라고 답했다. 그렇다! 우리는 분명 새로운 경험을 했다. 글을 쓰기 전 많은 계획과 준비를 하지만, 글을 한 줄 한 줄 써 내려가는 동안, 글을 쓰기 전에는 상상할 수 없었던 것들이 새롭게 샘솟아 오르는 경험을 각자가 한 것이다. 그러면서 우리는 몸이 약간씩 달라지는 느낌을 가졌던 것이다. 그때는 몰랐거나, 아니면 그 느낌을 '몸살 기운'과 혼동하고 있었다. 하지만 그것은 나를 해치는 변화 혹은 나의 에너지를 소모시키는 과정은 분명 아니었다. 나의 경우에는 특별히 체크해 보지 않아서 모르겠지만, 그분의 경우는 우연히 글을 연재하기 전에 체크했던 건강상태와 연재를 마친 지금 동일한 기준으로 체크한 건강상의 지표가 더 좋아졌다는 말도 했다. 나의 경우도 글쓰기라는 강한 훈련을 시작하기 전과 후가 분명히 달라졌다. 특히 나는 스스로의 힘으로 나를 관찰하고, 스스로의 힘으로 세상을 관찰하는 힘을 키울 수 있었다. 니체는 우리에게 높은 곳에서 바라보는 것, 그리고 깊은 곳을 바라볼 수 있는 힘을 키울 것을 주문한다. 이 힘이 있을 때 우리는 '영원회귀'라는 깨달음에 이를 수 있고, 스스로를 '위버멘쉬'의 과정에 올려놓을 수 있다. 이때 모든 생명은 '명랑성'을 회복할 수 있다. 이 과정의 완성에 가장 강하고 좋은 방법은 글쓰기이다. 글쓰기는 분명 새로운 존재가 되기 위해 필요한 수단이 맞다. 하여 나는 '글쓰기라는 강한 훈련'이 나를 좀더 가볍고 활기차고 명랑한 존재로 만들 수 있는 수련을 위한 최고의 도구임을 기꺼이 받아들인다. 그리고 실천한다.

지금까지 한 번도 경험해 보지 못한 곳으로

감이당의 징크스 하나를 소개한다. 그 징크스는 짧게는 5년, 길게는 10년 넘게 공부한 결과를 어렵게 책으로 낸 분들이 그 결과물과 함께 사라진다는 것이다. 힘들고 긴 훈련의 결과 '단행본'

이라는 나름의 성과를 얻었으니, 한편으로는 다른 공간에 가서 다른 삶을 살아가는 것도 참 좋은 일이다. 하지만 떠나는 사람도 떠나 보내는 사람도 아쉬움이 많이 남는다. 그 아쉬움은 한 권의 단행본으로 우리의 공부가 완성될 수 없다는 것을 잘 알기에 어쩌면 당연한 것이다. 지금까지 이룬 것보다는 앞으로 나아가야 할 길이 더 멀다는 것을 알기에 우리는 지금 이 자리에서 또 다른 길을 열어 갈 것을 기대한다.

그것은 단지 보유하는 것만이 아니라 끊임없이 새롭게 획득하고 계속 획득해야만 하는 것이다. 왜냐하면 그 건강은 반복되고, 희생으로 제공되며 또 제공되어져야만 하기 때문이다! 그리고 지금 우리 이상을 찾는 아르고선(船)의 승무원이 현명하다기보다는 오히려 용감하게, 또 자주 난파라든가 재난을 당하면서도 이미 말했던 바와 같이 믿기 어려울 정도의 그리고, 위태로운 건강의 모습으로, 몇 번이라도 건강을 회복하면서, 오랜 항해를 계속한 후에—바야흐로 우리는 가까스로 그 보람으로 지금까지 누구도 그 경계를 보지 못한 미발견국을 더듬어 가는 기분이 든다.(니체, 「위대한 건강」, 『즐거운 지식』 361~362쪽)

감이당에서는 책을 출판하게 되면 그 대접이 매우 성대하다. 출간 기념회는 물론, 이어지는 특강, 나아가 대중지성 프로그램에서의 강의 등등. 여기까진 모두가 비슷하다. 하지만 이런저런 이벤트들이 지나고 나면 길은 두 갈래로 나뉜다. '글쓰기는 이제 그만!' 하고 감이당을 떠나는 사람들과 또 다른 공부와 글쓰기로 확장되고 깊어지는 사람들이다. 전자의 경우는 글쓰기를 통해 위대한 건강의 길로 나아가지 못한 사람들이다. 어쩌면 이 사람들은 글쓰기가 자기 삶이 되고 철학이 되지 못한 채, 약간의 성과를 보유하려 했을지도 모른다. 그 성과만으로 앞으로의 삶이 계속 이어질 수 있다는 기대를 하면서.

하지만 이 기대는 그리 오래가지 못한다. 나 또한 예전에 구경꾼의 위치에 있을 때는 글쓰기의 성과를 낸 사람들이 떠나는 이유를 몰랐다. 하지만 내가 이 글쓰기라는 일련의 활동을 마무리할 시점이 되어 보니 누가 가르쳐 주지 않아도 그 이유가 내 눈에 보인다. 니체의 말대로 위대한 건강은 그것이 무엇이 되었건 보유하려 해서는 안 되며, 그것은 '계속해서 포기되고 계속해서 획득'되어야 한다는 사실을 스스로 깨닫게 된다. 왜냐하면 모든 성과는 인간에게 그것을 오래 보유하고 싶은 욕심을 갖게 만들기 때문이다. 니체는 이런 우리의 마음을 미리 읽고 경계를 잊지 않았다. 마치 이상을 달성한 혹은 목적을 이룬 아르고선의 승무원들이 또다시 풍랑을 향해 나아가듯이 지금의 글쓰기 성과는 단지 다른 공부를 향해 나아가는 기반이 될 뿐이다. 다만 차이가 있다면 이제부터는 예전에 내 눈에 보인 풍경과는 전혀 다른 더 깊고 넓은 새로운 풍경이 보인다는 것이다. 나도 예전의 나가 아니고, 다른 사람들도 예전의 사람들이 아니다. 물론 이들이 만들어가는 세상 또한 지금까지 단 한 번도 본 적이 없는 풍경들이다. 이렇게 글쓰기는 나를 다른 존재로 변형시킨다. 밖에서 볼 때 그 길이 위험하고 고통스러워 보일지라도 니체를 읽고 쓰는 활동에 빠져 있을 때만큼 나를 힘있고 건강하고 명랑하게 만든 활동은 없었다. 그러니 글쓰기는 위대한 건강으로 가는 길이 맞다!

다시, 니체를 읽고 쓴다는 것

2020년부터 내가 주도하는 니체 세미나에서는 읽고 말하는 활동에 쓰는 활동을 추가하기 시작했다. 그리고 함께 세미나를 시작한 분들에게도 앞으로는 '쓰기 훈련'을 점차 강화해 갈 계획임을 밝혔다. 감이당에서 매주 목요일 저녁 진행하는 니체 세미나에서도 '씨앗 문장 글쓰기 훈련'을 추가한 것이 대표적이다. 나는 이때부터 '니체 사용설명서'라는 큰 주제로 격주 1편씩(1주 초안, 1주 수정) 발제문을 쓰겠다는 계획을 세미나원들과 공유했고, 실제로 세미나 시즌 동안 여러 편의 글을 발표하고 토론했다. 이 과정에서 세미나 참여자들의 의견을 반영하여 글을 수정하고 보완했다.

2020년부터 스누피들 세미나는 '니체 스페셜'이라는 이름으로 변경했다. '니체 스페셜'에서는 그의 삶과 사상을 새롭게 해석한 대표적인 저작들을 함께 읽었다. 이 책들은 여러 가지 이유에서 영원히 잊혀질 수 있었고, 이런저런 오해를 받기도 했던 니체의 삶과 사상을 지금의 니체로 부활시킨 연구서들이다. 이 연구서의 저자들은 현대 철학에서 어떤 측면에서는 니체보다 더 유명한 철학자들이기도 하다. 우리는 질 들뢰즈의 『니체와 철학』, 하이데거의 『니체 I·II』, 클로소프스키의 『니체와 악순환』을 함께 읽었다. 이들은 니체 철학을 독창적으로 해석한 대표자들인 만큼 오늘 우리가 니체를 읽고 쓰는 힘을 키우기에 충분했다. 이들을 통해 니체를 더 넓고 또 더 깊게 이해할 수 있었다.

이렇게 추가된 글쓰기와 읽기는 단순한 활동의 추가가 아니다. 우리는 활동을 바꿈으로써 공부의 질적인 차이를 만들어 내고자 했으며, 또 다른 활동으로 이어 가고자 했다. 2021년부터 우리의 니체 읽기와 쓰기는 '니체·불교·문학'이라는 새로운 실험으로 나아갔다. 그 첫번째 실험으로 기획된 세미나는 '니체와 불교'이다. 이름도 '기획세미나'로 바꾸고, 세미나 시간도 조금 늘렸다. 진행 방식 또한 강독과 발제, 자유토론 등의 형식을 추가했다. 매주 목요일 저녁 2시간 30분 동안, 우리는 니체의 『선악의 저편』과 『반야심경』&『금강경』, 그리고 니체의 『도덕의 계보』&『우리는 우리를 얼마나 알까』(무착 지음, 정화 옮김, 북드라망, 2019)를 함께 읽고 쓰고 토론했다.

'니체와 불교'는 오래전부터 공부 계획에 있었던 주제였다. 이 계획은 나만의 계획은 아니었다. 이 조합은 이미 많은 사람들이 관심을 가진 주제였다. 니체와 불교라는 이 두 사상을 연계하여 때로는 이 둘의 유사점을, 때로는 이 둘의 차이점을 드러내는 많은 연구가 있었다. 예를 들어 니체와 불교를 '허무주의 vs 무아', '운명애 vs 열반', '영원회귀 vs 윤회' 등으로 대비하여 그 유사점과 차이점을 드러내는 기존의 연구들이 꽤 있다. 하지만 아쉽게도 기존의 연구는 두 사상을 객관적으로 비교·분석하는 데 집중하고 있어 우리 삶의 현장으로 가져오지는 못하고 있었다. 하여 이제 이 공부를 우리가 직접 하기로 작정했다. 사실 이 공부는 그동안 너무 멀고 어렵게만 생각해 왔던 경지, 혹은 조합들이다. 하지만 '니체와 불교', 그것은 '같은 듯, 다른 듯' 언제나 우리 곁에 있었다. 우리는 이제 이 경지, 혹은 조합들과 조금씩 친숙해지고 싶었다. 그렇다면 방법은 하나밖에 없다. 우리가 직접 이 공부에 뛰어들어 읽고 쓰고 말해 보는 수밖에! 우리는 더이상 이 개념들을 어렵다는 이유로 저 멀리 두지 않을 것이다. 우리는 그것이 무엇이든 각자의 삶으로 가져오기 위해 공부를 기획하고 또 길을 나설 뿐이다.

이 길에서 우리는 니체의 『선악의 저편』과 불교의 『반야심경』과 『금강경』을 조합하여 '영원회귀'를 중심으로 하는 니체의 후기 사상과 대승불교의 '공', '무아', '연기' 사상과의 유사점과 차이점을 탐구하고 있다. 물론 여기에는 니체의 대표작인 『차라투스트라는 이렇게 말했다』에 담겨진 사상과 가르침이 늘 함께한다. 이 공부는 이 책 1부에 실린 '영원회귀와 다시 찾은 명랑성'이라는 글을 완성하는 데 많은 도움이 되었다. 모두가 꿈꾸는 명랑한 삶은 우리 삶의 근본 토대에 대한 깨달음을 바탕으로 하지 않고서는 이루어질 수 없다는 것이 나의 가설이었고, 그 가설은 이 두 철학에서 확인되었다. 하여 나는 이제 분명히 말할 수 있다. "우리가 니체를 공부하여 그의 '영원회귀'를 중심으로 하는 사상을 깨닫는 만큼 우리는 자유롭고 명랑한 삶을 살 수 있다고!" 또 "우리가 불교를 공부하여 '공', '무아', '연기' 사상을 깨닫는 만큼 각자의 삶은 행복해질 수 있다고!" 그 외의 다른 방법은 없다.

그리고 2021년 새롭게 기획된 공부 계획은 '니체와 문학'이다. '카프카', '카잔차키스', '루쉰', '소세키', '헤세' 등등! 이들 20세기를 대표했던 문학가들이 니체의 사유에 많은 것을 의지했음을 우리는 알고 있다. 이들은 니체를 빌려 자신들의 작품을 만들어 갔지만, 오늘 우리는 이들의 문학적 상상력에 기대어 다시 니체를 읽고자 한다. 문학은 니체의 사유를 일상의 삶에 적용하는 데 아주 유용한 도구가 될 것이다. 실제로 20세기의 많은 문학가들이 니체의 사유에 힘입어 '문학의 형식'으로 '자유의 삶'을 말하고 있다. 우리도 이제 이들과 함께 '자유의 삶'이 어떤 것인지, 이 길을 어떻게 열어 갈 것인지, 함께 공부하고 또 그렇게 살아 보려 한다. 2021년 8월 '니체와 문학'이라는 새로운 조합의 탐구는 이렇게 시작되었다. 니체의 '힘에의 의지'와 관련된 후기 유고들, 그리고 니체 사후 그의 여동생과 제자에 의해 편찬되어 출판된 『권력의지』를 기본 텍스트로 하여 첫 시즌에는 카프카와 그의 작품들을 조합하여 공부했다. 이어서 니체의 『권력의지』를 계속 탐구하면서 카잔차키스의 『영혼의 자서전』과 『그리스인 조르바』를 함께 공부하고 있다.

이렇게 2021년의 공부는 마무리되었지만, 그 실험은 앞으로도 새로운 조합을 만들어 가며 계속될 것이다. 당분간 니체의 사유들을 '불교' 혹은 '문학'이라는 틀과 조합하여 읽고 쓰는 훈련을 계속할 것이다. 이 훈련을 통해 그동안 견고했던 우리의 '도덕'과 '나'라는 '상'(相)이 깨질 것으로 기대하며! 동시에 우리는 '영원회귀'하는 우주 공간 속에서 오로지 이 순간의 인연들이 서로 만나 각자의 생명력과 명랑함을 날마다 이루어 나가는 것이 '삶'임을 깨닫게 될 것이다. 이것은 곧 나를 만들어 가는 활동이자 세상을 만들어 가는 활동이다. 니체와 불교를 읽고 쓰는 만큼 각자의 단단한 덩어리들이 깨질 것이고, 이 일을 함께하는 사람들이 늘어나는 만큼 세상은 건강하고 명랑해질 것이다.

하여 나는 이제 이렇게 말할 수 있다. '니체, 불교, 문학'을 통하여 무엇을 하려 하는지를! 니체가 말하는 초인! 불교가 말하는 보살! 문학이 말하는 자유인! 우리는 그것을 늘 어렵고 요원한 것, 또 우리 일상과 함께할 수 없는 것으로 저 멀리 밀쳐놓고 있었다. 그러나 '초인, 보살, 자유인'은 남의 이야기가 아니다. 니체를 통해, 불교를 통해, 문학을 통해 우리가 세상과 인간에 대한 지혜를 깨달아 간다면 그 순간 이것은 내 앎이 되고 내 삶이 된다. 니체는 현대인들에게 이 과업이 얼마나 절박한지를 말하고 있고,

또 자신을 통해 이 과업으로 가는 길을 찾을 것을 주문한다. 나의 이 책,『니체 사용설명서』는 중년의 어느 한 남자가 이 길을 찾아 걸어온 과정이었다.

'다시, 니체를 읽고 쓴다'는 이 말과 함께 나의 과거들이 새롭게 살아난다. 대학 시절 '학회 활동'이라는 이름으로 선후배들과 읽고 쓰고 마시고 노래했던 시절! 대학원 시절 '집단 창작의 리얼리즘'이라는 이름으로 자칫 연구실에 갇힐 뻔한 우리들을 세상으로 끌어내 주신 선생님과 동료들과 함께했던 시절! 이때 우리는 참 많은 시간을 함께 공부하고 번역하고 서로의 글을 읽고 토론하며 지성을 연마했다. 이때 연마한 지성이 이후 20년간 각자 나름대로 세상에 나가 활동할 힘이 되었다. 지금 비록 일상을 함께하진 않지만, 이때 연마한 지성과 우정에 대한 감사의 마음은 늘 나의 마음 저 깊은 곳에 있다. 나는 믿는다. 우정은 공부에서 생긴다는 사실을! 지금까지 그랬고, 앞으로도 그럴 것이다.

이 책을 마무리하면서 특히 지난 몇 년간 니체를 함께 읽고 토론한 분들과의 추억이 많이 떠오른다. 이 추억들은 내가 니체를 함께 읽는 방법과도 연관되기에 여기에 몇 가지 소개한다. 우리는 니체를 읽기 위해 '암송'이라는 방법을 활용했다. 눈으로만 읽고 귀로만 듣는 공부에 익숙한 사람들에게 '암송'이라는 과제는 낯설고 힘들었다. 게다가 중년들에게는 '우리가 이 나이에 어떻게 외워?'라는 편견이 있었다. 하지만 실제로 마음먹고 암송을 해 보면 중년들이 암송을 더 잘할 수 있다는 것이 금방 증명된다. '암송'이 어려운 것이 아니라, '중년들이 무슨 암송'이라는 편견이 우리를 이 세계로 접근하는 것을 막는 가장 큰 난관이다. 한 번이라도 암송을 해 본 사람들은 안다. 암송 자체가 어려운 것이 아니라, 암송하겠다는 마음을 먹는 것이 어려운 것임을! 초반에는 암송할 내용을 미리 정해 주었고, 책을 다 읽지는 못하더라도 이 부분만이라도 한번 암송해 보라고 권했다. 이렇게 한두 사람씩 암송이라는 과제를 해내기 시작했고, 그 순간 우리의 분위기는 한층 고양되었다. 물론 많은 분들은 암송을 여전히 어려운 것으로 여기고, '나는 못한다~'라는 울타리 안에 있었지만. 하지만 이분들에게는 필사를 권했다. 필사의 경우, 매주 해당되는 범위 내에서 가장 좋았던 문장을 대학노트 한 장 정도의 분량으로 썼다. 다만 이 내용을 한 번 쓰고 마는 것이 아니라, 동일한 내용을 세 번 반복해서 필사하도록 했다. 필사도 참 좋은 고전 공부법이다. 각자 '암송'하고 '필사'한 내용을 읽어 주고 토론을 이어 가니 공부에 재미가 붙었고 토론도 충실하게 진행되었다. 어려운 니체를 15명 이상의 인원이 3년 이상 함께 읽고 토론할 수 있었던 힘은 '암송'과 '필사'에 있었다고 믿는다.

이렇게 우리는 니체 공부에 재미를 느끼게 되었고, 종종 뒤풀이도 함께했다. 모든 활동이 그렇지만 제일 재미있는 시간은 역시 뒤풀이 시간이다. 약간의 음주와 함께 우리는 각자의 예능 혹은 재능을 드러내며 크게 웃고 즐기는 시간을 보낼 수 있었다. 누구는 가곡을, 누구는 하모니카를, 누구는 자신이 최근 지은 시를, 누구는 자신의 일상을 돌아본 에세이를 가져와 읽어 주는 시간을 함께했다. 한 달에 한 번 정도는 가벼운 산책을 함께하기도 했다. 덧붙여 우리는 야외 소풍을 기획하게 되었고 이때 '암송대회'까지 했다. 그야말로 화창한 가을! 우리가 그때 암송한 시를 소개한다. 이 책은 나와 함께 니체를 읽고 쓰며 함께 웃었던 사람들의 힘으로 쓰여진 것이기에, 이들에게 감사하는 마음을 함께 낭송했던 니체의 시에 담아 보낸다.

친구들 사이에서

1
다 함께 침묵을 지키는 것은 아름답다,
더불어 웃는 것은 더욱 아름답다,
비단결 같은 하늘 아래에서
이끼와 너도밤나무에 기대어
유쾌하게 친구들과 웃음을 나누고
하얀 이를 서로 드러내는 것은.

내가 잘하면 우리는 침묵하자.
내가 못하면 우리는 웃어버리자.

그리고 더욱 서투르게 하자.
더 서투르고 더 심하게 웃자.
마침내 무덤에 들어갈 때까지.

친구들이여, 자! 그러면 되겠는가?
아멘! 그리고 안녕!

2
변명은 필요 없다! 용서도 필요 없다!
허락해 다오, 그대들 쾌활하고, 마음이 자유로운 사람들이여!
이 어리석은 책에
귀와 마음과 피난처를!
믿어 다오, 친구들이여! 내게 저주가 되진 않을 것임을
내 어리석음이!

'내'가 발견하는 것, '내'가 찾는 것,
그것이 책 속에 있었던 적이 있는가?
내 속의 어리석은 자의 무리를 칭찬하라!
이 어리석은 자의 책에서 배우라,
어떻게 이성이 오며, '이성으로' 돌아가는가를!

그럼 친구들이여! 그러면 되겠는가?
아멘! 그리고 안녕!

{니체, 「친구들 사이에서」 『인간적인 너무나 인간적인』 299~300쪽}

참고한 책들

니체, 프리드리히. 『비극의 탄생』, 박찬국 옮김, 아카넷, 2007.

_____. 『인간적인 너무나 인간적인』, 강두식 옮김, 동서문화사, 2019.

_____. 『반시대적 고찰』, 임수길 옮김, 청하, 1998.

_____. 『서광』, 이필렬·임수길 옮김, 청하, 1988.

_____. 『즐거운 지식』, 권영숙 옮김, 청하, 2011.

_____. 『차라투스트라는 이렇게 말했다』, 이진우 옮김, 휴머니스트, 2021.

_____. 『선악의 저편』, 박찬국 옮김, 아카넷, 2021.

_____. 『우상의 황혼』, 박찬국 옮김, 아카넷, 2021.

_____. 『이 사람을 보라』, 이상엽 옮김, 지식을만드는지식, 2016.

_____. 『도덕의 계보』, 박찬국 옮김, 아카넷, 2021.

_____. 『권력 의지』, 김세영·정명진 옮김, 부글북스, 2018.

김동국. 『아무도 위하지 않는, 그러나 모두를 위한 니체』, 삼인, 2019.

김용옥. 『스무살 반야심경에 미치다』, 통나무, 2019.

다마키 고시로. 『화엄경』, 이원섭 옮김, 현암사, 2015.

들뢰즈, 질. 『니체와 철학』, 이경신 옮김, 민음사, 2013.

슐체, 하겐. 『새로 쓴 독일역사』, 반성완 옮김, 지와사랑, 2011.

안상헌. 「니체의 역겨움, '차라'의 가르침」, 고미숙과 48인의 대중지성, 『나는 왜 이 고전을』, 북드라망, 2019.

진은영. 『니체, 영원회귀와 차이의 철학』, 그린비, 2007.

틱낫한. 『내 손 안에 부처의 손이 있네』, 김순미 옮김, 예담, 2017.

하이데거, 마르틴. 『니체 I』, 박찬국 옮김, 길, 2010.

찾아보기